선지자와 왕

The Gospel Project for Kids

is published quarterly by LifeWay Christian Resources,
One LifeWay Plaza, Nashville, TN 37234, Thom S. Rainer, President
© 2016 LifeWay Christian Resources
Translated and used by permission of LifeWay Christian Resources

This Korean translation edition © 2017 by Duranno Ministry,
38, Seobinggo-ro 65-gil, Yongsan-gu, Seoul, Republic of Korea
Published by arrangement with LifeWay Christian Resources

가스펠 프로젝트

구약 5

선지자와 왕

저학년 교사용

지은이 · LifeWay Kids
옮긴이 · 권혜신
감수 · 김도일, 김병훈, 이희성

초판 발행 · 2017. 11. 7
2판 2쇄 발행 · 2025. 7. 26
등록번호 · 제1988-000080호
등록된 곳 · 서울특별시 용산구 서빙고로65길 38
발행처 · 사단법인 두란노서원
영업부 · 02) 2078-3352, 3452, 3752, 3781 FAX 080-749-3705
편집부 · 02) 2078-3437
표지디자인 · 더그램
활동연구 · 김찬숙, 이경선, 이다솔, 한승우, 홍선아

책값은 뒤표지에 있습니다.
ISBN 978-89-531-4551-1 04230 / 978-89-531-4542-9 (세트)

홈페이지 · gospelproject.co.kr / 두란노몰 · mall.duranno.com

두란노서원은 바울 사도가 3차 전도 여행 때 에베소에서 성령 받은 제자들을 따로 세워 하나님의 말씀으로 양육하던 장소입니다.
사도행전 19장 8~20절의 정신에 따라 첫째 목회자를 돕는 사역과 평신도를 훈련시키는 사역,
둘째 세계선교TIM와 문서선교(단행본·잡지) 사역, 셋째 예수문화 및 경배와 찬양 사역, 그리고 가정·상담 사역 등을 감당하고 있습니다.
1980년 12월 22일에 창립된 두란노서원은 주님 오실 때까지 이 사역들을 계속할 것입니다.

차례

이렇게 활용해 보세요! *4* / 발간사 *6* / 감수사 *7* / 추천사 *9*

1단원 **계시하시는 하나님**

1
엘리야가 악한 아합을
꾸짖었어요
12

2
엘리야가 이세벨을 피해
도망쳤어요
20

3
하나님이 나아만을
고쳐 주셨어요
28

4
하나님이 이사야를
부르셨어요
36

5
이사야가 메시아에 대해
외쳤어요
44

6
히스기야는 남 유다의
신실한 왕이었어요
52

2단원 **포기하지 않으시는 하나님**

7
하나님이 호세아를 통해
북 이스라엘에 사랑을 전하셨어요
62

8
하나님이 요나를 통해
니느웨에 사랑을 전하셨어요
70

9
하나님이 요엘을 통해
남 유다에 사랑을 전하셨어요
78

3단원 **새롭게 하시는 하나님**

10
하나님이 예레미야를 부르셨어요
88

11
예레미야가 새 언약에 대해 예언했어요
96

12
남 유다 백성이 포로로 잡혀갔어요
104

13
에스겔이 앞날의 소망을 이야기했어요
112

복음 초청 가이드 *121* / **칼럼** *129* / **커리큘럼** *132*

① 단원 개요 · 각 과의 목표

● '가스펠 프로젝트'(하나님의 구원 계획)의 연대기적 큰 흐름 속에서 각 단원과 각 과의 주제를 살펴봅니다.

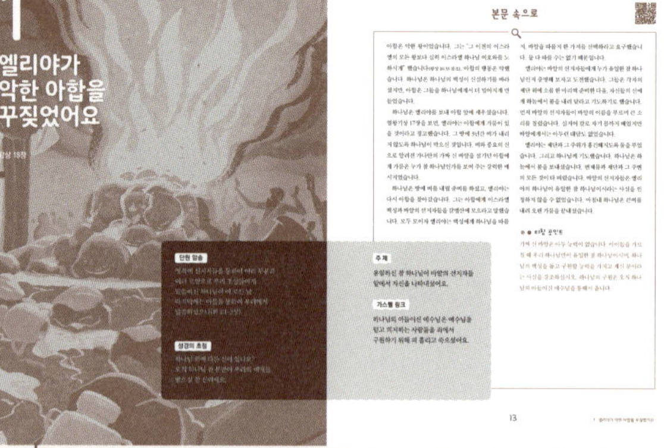

카운트다운 단원별로 제공되는 3분 카운트다운 영상(지도자용 팩)으로, 장소를 옮기거나 시간을 구분 짓는 방법으로 활용할 수 있습니다.

무대 배경 단원별 설교의 도입(들어가기)에서 공통적으로 활용할 수 있는 무대 데코 아이디어로, 배경 이미지(지도자용 팩)를 화면에 띄워 사용할 수 있습니다.

단원 암송 단원의 핵심 메시지가 담긴 성경 구절입니다.

성경의 초점 본문과 관련된 성경의 중심 주제(핵심 교리)를 문답 형식으로 정리한 문장입니다. 단원의 성경의 초점을 익히며 성경의 흐름을 이해하게 합니다.

주제 각 과의 핵심 줄거리를 파악할 수 있습니다.

가스펠 링크 성경 이야기에 담긴 복음을 발견하게 합니다. 모든 성경 이야기는 그리스도와 연결됩니다.

본문 속으로 이 과를 준비하며 묵상할 내용과 티칭 포인트를 제시합니다. 청장년용《가스펠 프로젝트》로 교사 소그룹 모임에서 더 깊은 묵상을 나누며 성경 읽기를 병행할 것을 권유합니다. 부모 소그룹 모임은 교회와 가정을 연계해 교육 효과를 더욱 높여 줄 것입니다.

교사 지도 가이드 영상 교사들이 각 과의 내용과 아이들에게 전달해야 할 핵심을 쉽게 파악할 수 있도록 짧은 예시와 함께 개요를 소개하고 교사를 독려합니다. 홈페이지(gospelproject.co.kr)에서 무료로 활용할 수 있습니다.

② 말씀 묵상

● 말씀을 묵상하며 어떻게 가르칠 것인가를 기도로 준비합니다.

이야기 성경 '가스펠 설교'에서 사용하는 구어체 설교입니다. 같은 내용의 영상이 지도자용 팩에 있습니다.

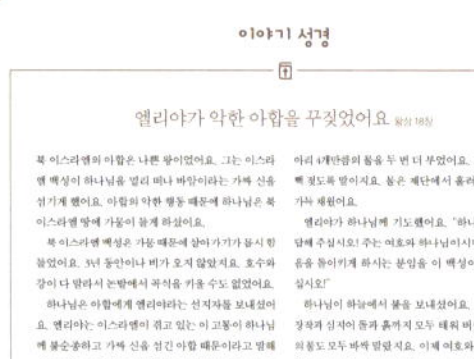

③ 가스펠 준비

● 사전 활동을 살펴봅니다.

환영 아이들을 맞이하며 나눌 수 있는 대화의 소재를 제안합니다.

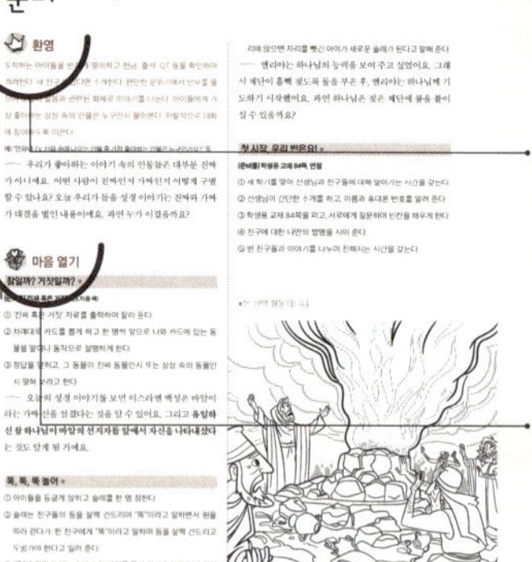

마음 열기 이 과의 주제와 연결된 간단한 게임 활동을 소개합니다.

④ 가스펠 설교

● **도입 - 전개 - 가스펠 링크 - 복음 초청 - 적용**에 이르는 설교 가이드입니다.

들어가기 도입 아이디어를 소개합니다.

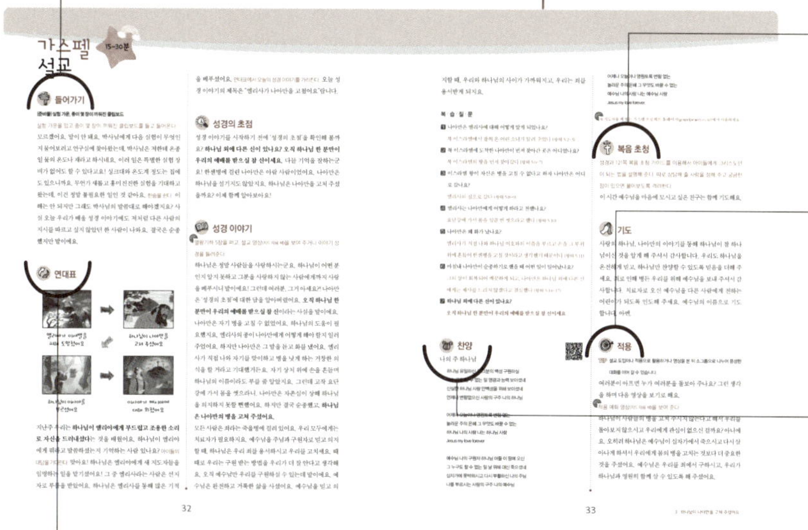

복음 초청 매주 복음을 전하고 영접 기도를 이끌 수 있는 초청 대화를 담 았습니다.

적용 에피소드를 담은 영상과 질문 이 담겨 있습니다. 설교 도입이나 적 용 부분에서 활용하거나 영상을 본 뒤 소그룹에서 풍성한 대화를 이어 가는 방법도 추천합니다.

찬양 단원 주제를 담은 찬양, 악보, 율동을 지도자용 팩, 가스펠 프로젝 트 홈페이지에서 만날 수 있습니다.

연대표 '가스펠 프로젝트'(하나님의 구원 계획)의 큰 흐름 속에서 이 과의 위치를 파악해 봅니다.

가스펠 소그룹 ⑤

● 예배 후 소그룹 모임에서 배운 내용을 되새길 수 있는 다양한 활동을 소개합니다.

보물 상자 성경의 메시지와 자신의 삶을 연결해 보고, 하 나님과 일대일 대화를 나누듯 마음을 고백하는 마무리 활 동입니다.

나침반 재미있는 게임 활동으로 단원 암 송을 익히게 합니다. 부록의 단원 암송 페이지와 지도자용 팩의 PPT를 활용할 수 있습니다.

보물 지도 퀴즈와 게임을 통해 성경 이야 기를 복습하는 활동입니다.

탐험하기 성경 이야기의 의미를 묵상하며 주제, 가스펠 링크, 성경의 초점 등을 되새 기는 확장 활동입니다.

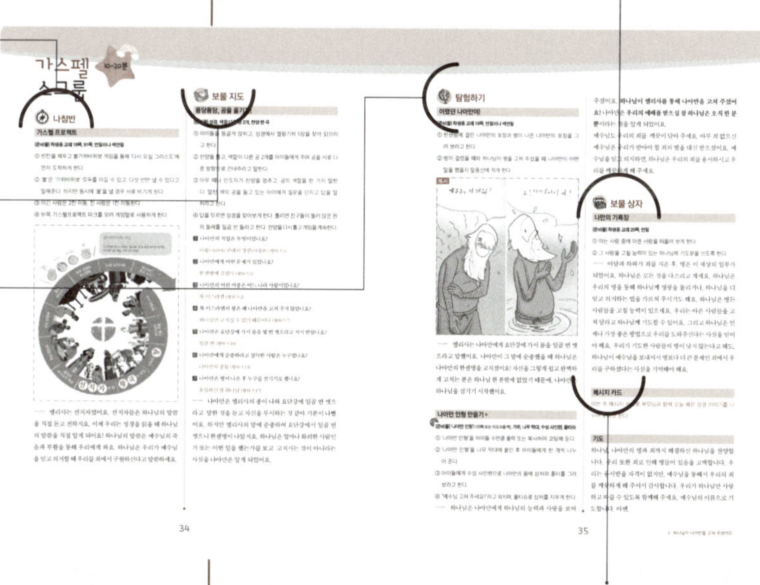

메시지 카드 각 과의 핵심 내용과 가족과 함께하는 활동 을 담았습니다.

*지도자용 팩의 PC 전용 DVD-Rom에 영상, 그림, 음원, 악보, PPT 등의 자료가 있습니다.

● 2017년 3월 28일에 고시된 「외래어 표기법」 일부 개정안에 따라 외래어 뒤에 쓰인 산, 강, 왕 등의 일반 명사는 붙여 쓰는 것으로 표기하였습니다.

발간사

두란노서원을 통해 라이프웨이(LifeWay)의 《가스펠 프로젝트》 성경 공부 교재 시리즈를 발간할 수 있도록 인도하신 하나님께 감사드립니다. 험한 소리로 가득한 세상에 이 책을 다릿돌처럼 놓습니다. 우리 삶은 말씀을 만난 소리로 풍성해져야 합니다. 주님을 만난 기쁨의 소리, 진실 앞에서 탄식하는 소리, 죄를 씻는 울음소리, 소망을 품은 기도 소리로 가득해야 합니다.

《가스펠 프로젝트》는 신구약을 관통하는 예수 그리스도의 복음을 발견하고, 그 가르침을 삶에 적용하는 지혜를 얻도록 기획한 성경 공부 교재입니다. 어린아이부터 어른에 이르기까지 생애 주기에 따른 복음 메시지를 잘 배울 수 있습니다. 또한, 거짓 진리가 미혹하는 이 시대에 건강한 신학과 바른 교리로 말씀을 조명하여 성도의 신앙이 좌로나 우로나 치우치지 않도록 돕습니다.

두란노서원은 지금까지 "오직 성경, 복음 중심, 초교파적 관점"을 바탕으로 한국 교회와 성도를 꾸준히 섬겨 왔습니다. 오직 성경의 정신에 입각해 책과 잡지를 출판해 왔으며, 성경에 근거한 복음 중심의 신학을 포기한 적이 없습니다. 그리고 교단과 교파를 초월하여 교회와 성도가 하나님 나라를 바라볼 수 있도록 돕기 위해 노력해 왔습니다. 《가스펠 프로젝트》는 두란노가 지켜 온 세 가지 가치를 충실하게 담은 책입니다.

성경은 구원을 위한 책이며, 구원사의 주인공은 예수 그리스도입니다. 창세기부터 요한계시록까지 오직 예수 그리스도의 복음만을 전하는 《가스펠 프로젝트》 성경 공부 교재를 통해 복음의 은혜와 진리를 깊이 경험하고, 복음 중심의 삶이 마음 판에 새겨지기를 바랍니다. 그리고 예수 그리스도 복음에 굳게 선 한 사람의 영향력이 가정과 교회와 사회에 흘러감으로써 거룩한 하나님 나라가 확산되어 가기를 소망합니다.

두란노서원 원장 이 형 기

감수사

✚ 《가스펠 프로젝트》는 어린이와 청소년 성경 공부를 위한 좋은 교재입니다. 그들이 이해할 수 있는 언어로 성경을 자세히 알 수 있도록 도와주고 있기 때문입니다. 어린이와 청소년의 발달심리에 익숙한 전문가들을 포함해 많은 사람이 참여해 애쓴 흔적이 보입니다.

《가스펠 프로젝트》는 인류를 향한 하나님의 구원 계획인 복음을 다음과 같은 과정으로 설명합니다. "첫째, 하나님은 다스리신다. 둘째, 우리는 죄를 범했다. 셋째, 그러나 하나님은 공급하신다. 넷째, 하나님의 아들 예수 그리스도께서는 우리에게 영생을 주시고 우리를 초청하신다. 다섯째, 우리는 예수님의 초청에 응답해야 한다." 이와 같이 《가스펠 프로젝트》는 복음을 주시는 하나님의 계획에 사람이 어떻게 반응해야 하는지를 간단하게, 그리고 핵심을 놓치지 않고 잘 설명합니다. 그러므로 《가스펠 프로젝트》에 참여하는 교사와 학생은 하나님의 주권과 언약, 신실하심과 사랑을 배우고 깊이 느낄 수 있을 것입니다. 성령의 인도하심에 순종하는 것이 얼마나 복된지 몸소 체험할 수 있을 것입니다.

그때, 그곳에서, 그들에게 주어졌던 하나님의 말씀을 지금, 여기에서, 우리에게 주어지는 하나님의 말씀으로 받아들이고 해석하려면 해석학적 간격(hermeneutical gap)이 존재한다는 점을 유념하고, 말씀을 적절하게 해석해 적용해야 합니다. 하나님의 말씀은 성령의 조명을 받아 학문이 없는 사람도 그 핵심적인 메시지를 이해할 수 있지만, 모든 성경을 자의적으로 해석하는 우를 범해서는 안 됩니다. 《가스펠 프로젝트》는 이러한 해석상의 오류를 최소한도로 줄여 줄 수 있다고 봅니다. 가능하면 말씀에 담긴 메시지를 전달하려고 노력했기 때문입니다. 이런 점에서 《가스펠 프로젝트》는 하나님의 마음을 더 깊이 이해하기 위한 기본적인 성경 지식을 제공해 주고, 말씀의 깊은 샘으로 들어가 맛있는 물을 마실 수 있도록 돕는 좋은 통로입니다.

《가스펠 프로젝트》로 성경을 공부하게 되면 성경 말씀을 사랑하게 될 것입니다. 어린이들과 청소년들도 '말씀이 참 재미있고 유익하구나'라고 느끼게 될 것입니다. 레너드 스윗이 말한 것처럼, 미래 세대는 경험적, 참여적, 이미지 중심적, 연결적(EPIC) 사역을 통해 말씀 속으로 자발적으로 들어와야 거룩한 하나님의 백성이 될 수 있기 때문입니다.

모쪼록 《가스펠 프로젝트》를 통해 모든 세대가 하나님을 더 넓고 깊게 알아 가며, 성령의 도우심 가운데 예수님의 튼실한 제자로 성장하기를 원합니다. 아울러 세상 속에서 하나님 나라를 확장시켜 나가는 하나님의 백성이 되는 기초를 체계적으로 다질 수 있기를 바랍니다. 《가스펠 프로젝트》는 오직 믿음, 오직 성경, 오직 은혜, 오직 그리스도를 통해 하나님께 영광 돌리는 데 큰 도움이 될 것입니다.

김도일 _ 장로회신학대학교, 기독교교육학 교수

✚ 《가스펠 프로젝트》는 무엇보다도 전통적으로 교회가 풀어 온 흐름을 충실히 따라 성경을 해설하고 있습니다. 그리고 그 방향은 궁극적으로 예수 그리스도를 향해 나아가고 있습니다. 이것은 예수님이 구약과 신약의 모든 성경이 자신을 가리키고 있다고 하신 말씀에 비추어 매우 타당한 것입니다. 게다가 그리스도 중심적 해설을 무리하게 전개하지 않습니다. 각 본문에서 하나님의 구원 언약과 그것을 실현하시는 하나님을 드러내면서, 그리스도의 예표적 설명이 가능한 사건을 놓치지 않고 풀어내고 있습니다.

성경 공부 교재는 명시적으로 혹은 암시적으로 제시하

는 교리적 진술이 교리 체계상 건전해야 합니다.《가스펠 프로젝트》는 99개 조에 이르는 핵심 교리들을 일목요연하게 제시하여 교리의 건전성을 확인할 수 있도록 도움을 줍니다.《가스펠 프로젝트》의 교리는 교파를 막론하고, 예수 그리스도의 복음에 충실한 복음주의 교회들에게 환영받을 만합니다. 물론 교파마다 약간의 이견을 갖는 부분들이 있을 수 있겠지만, 각 교회에서 교재를 활용하는 데에 무리가 없을 것입니다.《가스펠 프로젝트》의 특징은 각 과에서 학습한 내용을 핵심 교리와 연결해 주며, 그 결과 그리스도의 복음에 관련한 교리적 이해를 강화시킨다는 데에 있습니다.

끝으로《가스펠 프로젝트》는 어떤 성경 주해서나 교리 학습서가 갖지 못하는 훌륭한 장점을 가지고 있습니다. 그것은 학습자를 하나님과 그리스도의 복음 앞으로 이끌며, 자신의 신앙과 삶을 돌아보도록 하는 적용의 적실성과 훈련의 효과입니다. 아울러 본문과 관련한 교회사적으로 또 주석적으로 중요한 신학자와 목사의 어록을 제시하고, 심화 토론을 위한 질문을 달아 주고, 선교적 안목을 열어 주는 적용 질문들을 더해 준 것은《가스펠 프로젝트》에서 얻을 수 있는 커다란 유익입니다.

추천할 만한 마땅한 성경 공부 교재를 찾기가 쉽지 않은 현실에서《가스펠 프로젝트》는 성경을 개괄적으로 매주 한 과씩 3년의 기간 동안 일목요연하게, 그리고 그리스도 중심적으로 공부하도록 이끌어 준다는 점에서, 한국 교회의 기초를 성경 위에 놓는 일에 커다란 공헌을 할 것으로 믿어 의심치 않습니다.

김병훈 _ 합동신학대학원대학교 조직신학 교수

"보라 날이 이를지라 내가 기근을 땅에 보내리니 양식이 없어 주림이 아니며 물이 없어 갈함이 아니요 여호와의 말씀을 듣지 못한 기갈이라" (암 8:11). 주전 8세기 아모스 선지자의 외침이 오늘 이 시대에 다시 메아리쳐 오고 있습니다. 두란노의《가스펠 프로젝트》는 성도들이 겪고 있는 영적인 갈증과 혼란을 해소해 줄 수 있는 유익한 성경 공부 교재입니다.

첫째,《가스펠 프로젝트》는 성경 전체 흐름과 문맥에 따라 구성되어 성경의 큰 그림을 볼 수 있도록 도와줍니다. 또 성경 각 본문의 의미를 깊이 이해할 수 있도록 해당 분야의 전문 성경 신학자들의 주석적 견해를 잘 소개하고 있습니다. 둘째, 본문 연구와 함께 관련 핵심 교리들을 적절하게 소개하여 성경과 교리를 연결할 수 있습니다. 또 모든 과에서 그리스도와의 연결점을 찾아 제시함으로써 구약 본문을 통해서도 복음을 깨달을 수 있습니다. 성경 공부 전 과정을 마치면 성도들이 복음에 대한 견고한 믿음을 가지게 될 것입니다. 셋째, 성경 공부 적용의 초점을 선교에 맞추어 성도들이 삶의 현장에서 복음의 증인으로서의 사명을 감당할 수 있게 도와줍니다. 마지막으로 주일학교에서 장년에 이르기까지 동일한 주제와 본문으로 성경을 공부하도록 구성하였기 때문에 모든 교인이 한 말씀 안에서 한 믿음의 공동체를 이루며 성숙해 가는 영적 부흥을 경험하게 될 것입니다.

두란노의《가스펠 프로젝트》를 통해 말씀이 갈급한 기근의 시대에 영적 해갈의 기쁨을 경험하시기 바랍니다.

이희성 _ 총신대학교 신학대학원 구약학 교수

추천사

✛ 우리를 향한 하나님의 멈추지 않는 사랑, 아들을 내어 주신 아버지 하나님의 놀라운 구원 계획에 눈뜨게 하는 교재입니다. 성경을 꿰뚫는 변함없는 메시지, 예수 그리스도를 만날 수 있는 교재입니다. 유익한 활동과 흥미로운 반복 학습을 통해 기독교 핵심 주제를 접하고, 말씀을 가까이하며, 가족과 묵상을 나누도록 이끄는 방식에 기대가 큽니다. 다양한 소재의 영상과 그림 자료는 시청각 자료가 부족한 교육 현장에 큰 활력을 불어넣어 줄 것입니다. 교재 내용에 맞게 창작된 찬양은 곡조가 있는 산 기도를 체험하게 도와줄 것입니다. 무미건조한 습관적 예배, 아이들과 소통하지 못해 안타까워했던 부모와 교사, 다음 세대를 걱정하는 교회 지도자들에게 이 교재를 추천합니다.

김요셉 _ 중앙기독학교 교목, 원천침례교회 목사

✛ 우리 시대의 전 세계적 교회 부흥은 두 가지 샘을 갖고 있습니다. 한 샘은 오순절 부흥 운동의 샘입니다. 이 샘으로 많은 시대의 목마른 영혼들이 목마름을 해갈했습니다. 또 하나의 샘은 성경 연구의 샘입니다. 남침례교 주일학교 운동은 이 샘의 개척자입니다. 이 샘으로 지금도 많은 성도가 목마름을 해갈하고 있습니다. 미국 남침례교 라이프웨이 출판사는 성경 연구를 돕는 사역을 충실히 감당해 왔습니다. 《가스펠 프로젝트》는 목마른 영혼들의 필요를 공급하는 원천이 될 것입니다. 《가스펠 프로젝트》는 쉬우면서도 결코 피상적이지 않습니다. 믿음의 단계를 따라 하나님의 자녀들에게 꼭 필요한 복음의 진수를 맛보게 해 줄 것입니다.

이동원 _ 지구촌교회 원로 목사, 지구촌 미니스트리 네트워크 대표

✛ 성경을 공부한다는 것은 성경에 기록된 사실을 배우는 것이 아니라 성경이 가르치는 교리를 배우는 것입니다. 왜냐하면 성경은 독자에게 어떤 새로운 정보를 주기 위해 인간이 쓴 책이 아니라 죄인인 인간에게 구원을 주기 위해 하나님이 쓰신 말씀이기 때문입니다. 그런데 이 구원의 도리인 교리를 성경 본문을 통해 배우기가 쉽지 않기 때문에 좋은 안내서가 필요합니다. 이번에 출간된 《가스펠 프로젝트》는 이와 같은 역할을 탁월하게 수행하고 있기 때문에 기쁜 마음으로 추천합니다.

이성호 _ 고려신학대학원 역사신학 교수

✛ 성경은 예수 그리스도를 중심으로 하는 하나님의 구원 이야기입니다. 《가스펠 프로젝트》는 성경이 어떻게 그리스도와 연결되어 있는지, 또 성도의 삶이 하나님의 구원 계획에 어떻게 연결되어야 하는지를 구체적으로 제시합니다. 특히 《가스펠 프로젝트》는 하나의 본문으로 각 연령에 맞게 구성한 교재를 제공해 하나의 본문으로 전 세대를 연결하고, 가정과 교회를 하나 되게 합니다. 신앙의 전수가 중요한 시대에 성도와 교회와 가정이 한마음으로 다음 세대를 준비시키기에 적합합니다. 특히 가정에서 부모가 자녀와 말씀으로 대화를 나눌 수 있게 해 자녀의 신앙 교육에 도움이 될 것입니다.

이재훈 _ 온누리교회 담임 목사

✛ 예수님은 친히 요한복음 5장 39절에서, 모든 성경은 예수님 자신에 대한 증거라고 말씀하셨습니다. 그럼에도 불구하고, 성도들은 그 속에서 예수님이라는 보석을 쉽게 찾아 내지 못하고 있습니다. 《가스펠 프로젝트》는 신앙생활을 출발하는 어린이부터 장년까지 이런 눈을 활짝 열어 주는 놀라운 교재입니다. 요람에서부터 무덤까지 각 연령대에 맞게 구성된 《가스펠 프로젝트》 성경 공부 교재를 통해, 한국 교회와 이민 교회가 잃어버린 예수님을 다시 발견함으로 견고하게 되기를 바랍니다.

최병락 _ 강남중앙침례교회 담임 목사

1단원

계시하시는 하나님

북 이스라엘과 남 유다는 악한 왕들의 통치를 받으며 끊임없이 하나님께 불순종했습니다. 하나님은 선지자 엘리야와 이사야를 보내 하나님의 능력과 사랑, 신실하심을 자기 백성에게 드러내셨습니다. 하나님은 구원자 예수님을 보내 그들의 죄를 없애시겠다는 계획도 알리셨습니다.

엘리야가
악한 아합을
꾸짖었어요

엘리야가
이세벨을 피해
도망쳤어요

하나님이
나아만을
고쳐 주셨어요

하나님이
이사야를
부르셨어요

이사야가
메시아에 대해
외쳤어요

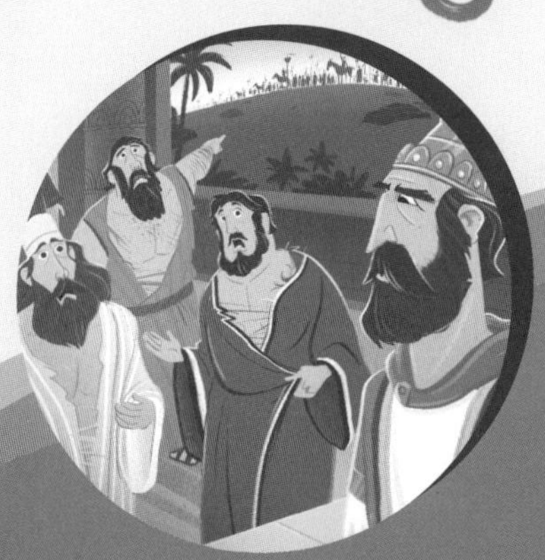

히스기야는
남 유다의 신실한
왕이었어요

카운트다운 - 플라스마 볼

카운트다운 영상(지도자용 팩)을 틀고 예배 준비 자세를 취하도록 격려한다. 예배가 시작되는 시간에 영상이 끝나도록 맞추어 놓는다. 영상이 끝나기 30초 전에 예배 인도자는 정해진 위치에 서서 조용히 기도하는 모범을 보인다.

무대 배경 - 과학 실험실

과학 실험실처럼 장식하고 여러 색깔의 액체가 담긴 유리 병, 비커, 플라스크 등의 실험 기구를 진열한다. 오래된 컴퓨터 화면에 그래프를 띄운다. 신발 상자와 두루마리 휴지의 속대를 이용해 현미경을 만들어 놓아도 좋다. 화면에 과학 실험실 배경 이미지(지도자용 팩)를 띄운다.

1 엘리야가 악한 아합을 꾸짖었어요

왕상 18장

아합은 악한 왕이었습니다. 그는 "그 이전의 이스라엘의 모든 왕보다 심히 이스라엘 하나님 여호와를 노하시게" 했습니다(왕상 16:33 참조). 아합의 행동은 악했습니다. 하나님은 하나님의 백성이 신실하기를 바라셨지만, 아합은 그들을 하나님에게서 더 멀어지게 만들었습니다.

하나님은 엘리야를 보내 아합 앞에 세우셨습니다. 열왕기상 17장을 보면, 엘리야는 아합에게 가뭄이 있을 것이라고 경고했습니다. 그 땅에 3년간 비가 내리지 않도록 하나님이 막으신 것입니다. 비와 풍요의 신으로 알려진 가나안의 가짜 신 바알을 섬기던 아합에게 가뭄은 누가 참 하나님인가를 보여 주는 강력한 메시지였습니다.

하나님은 땅에 비를 내릴 준비를 하셨고, 엘리야는 다시 아합을 찾아갔습니다. 그는 아합에게 이스라엘 백성과 바알의 선지자들을 갈멜산에 모으라고 말했습니다. 모두 모이자 엘리야는 백성에게 하나님을 따를지, 바알을 따를지 한 가지를 선택하라고 요구했습니다. 둘 다 따를 수는 없기 때문입니다.

엘리야는 바알의 선지자들에게 누가 유일한 참 하나님인지 증명해 보자고 도전했습니다. 그들은 각자의 제단 위에 소를 한 마리씩 준비한 다음, 자신들의 신에게 하늘에서 불을 내려 달라고 기도하기로 했습니다. 먼저 바알의 선지자들이 바알의 이름을 부르며 큰 소리를 질렀습니다. 심지어 칼로 자기 몸까지 베었지만 바알에게서는 아무런 대답도 없었습니다.

엘리야는 제단과 그 주위가 흥건해지도록 물을 부었습니다. 그리고 하나님께 기도했습니다. 하나님은 하늘에서 불을 보내셨습니다. 번제물과 제단과 그 주변의 모든 것이 타 버렸습니다. 바알의 선지자들은 엘리야의 하나님이 유일한 참 하나님이시라는 사실을 인정하지 않을 수 없었습니다. 마침내 하나님은 큰비를 내려 오랜 가뭄을 끝내셨습니다.

● ● 티칭 포인트

가짜 신 바알은 아무 능력이 없습니다. 아이들을 가르칠 때 우리 하나님만이 유일한 참 하나님이시며, 하나님의 백성을 돕고 구원할 능력을 가지고 계신 분이라는 사실을 강조하십시오. 하나님의 구원은 오직 하나님이 아들이신 예수님을 통해서 옵니다.

주 제

유일하신 참 하나님이 바알의 선지자들 앞에서 자신을 나타내셨어요.

가스펠 링크

하나님의 아들이신 예수님은 예수님을 믿고 의지하는 사람들을 죄에서 구원하기 위해 피 흘리고 죽으셨어요.

엘리야가 악한 아합을 꾸짖었어요 왕상 18장

북 이스라엘의 아합은 나쁜 왕이었어요. 그는 이스라엘 백성이 하나님을 멀리 떠나 바알이라는 가짜 신을 섬기게 했어요. 아합의 악한 행동 때문에 하나님은 북 이스라엘 땅에 가뭄이 들게 하셨어요.

북 이스라엘 백성은 가뭄 때문에 살아가기가 몹시 힘들었어요. 3년 동안이나 비가 오지 않았지요. 호수와 강이 다 말라서 논밭에서 곡식을 키울 수도 없었어요.

하나님은 아합에게 엘리야라는 선지자를 보내셨어요. 엘리야는 이스라엘이 겪고 있는 이 고통이 하나님께 불순종하고 가짜 신을 섬긴 아합 때문이라고 말해 주었어요. 그러고는 아합과 북 이스라엘 백성, 그리고 바알을 섬기는 선지자들을 갈멜산으로 불러 모았어요.

엘리야가 백성에게 말했어요. "이제 마음을 정하시오! 참 하나님이 여호와라고 믿으면 여호와를 따르고, 바알이라고 믿으면 바알을 따르시오!"

엘리야는 바알의 선지자들에게 누가 참 하나님인지 한번 증명해 보자고 했어요. "바알에게 기도하여 제단 위에 불을 내려 달라고 하시오. 나는 여호와께 기도하겠소. 불로 응답하는 신이 진짜 하나님이오."

바알의 선지자들은 그들이 섬기는 가짜 신을 위해 제단을 쌓았고, 황소를 준비해 제단 위에 놓았어요. 그들은 아침부터 저녁까지 바알에게 기도했지만 아무런 응답이 없었어요. 그들은 춤을 추고, 소리를 지르며, 심지어 칼과 창으로 자기 몸을 찔러 상처를 내기도 했어요. 그런데도 바알에게서는 아무런 응답이 없었답니다.

이제 사람들이 엘리야의 곁으로 모여들었어요. 엘리야는 제단 주변에 도랑을 파고, 제단 위에 장작을 놓은 뒤 준비한 황소를 올렸어요. 그런 다음 항아리 4개에 물을 가득 담아 나무 위에 부었어요. 그러고는 항아리 4개만큼의 물을 두 번 더 부었어요. 모든 것이 흠뻑 젖도록 말이지요. 물은 제단에서 흘러내려 도랑을 가득 채웠어요.

엘리야가 하나님께 기도했어요. "하나님, 제게 응답해 주십시오! 주는 여호와 하나님이시며, 그들의 마음을 돌이키게 하시는 분임을 이 백성이 알게 해 주십시오!"

하나님이 하늘에서 불을 보내셨어요. 불은 황소와 장작과 심지어 돌과 흙까지 모두 태워 버렸어요! 도랑의 물도 모두 바싹 말랐지요. 이제 여호와 하나님이 참 하나님이시라는 사실을 아무도 의심할 수 없었어요.

사람들은 얼굴을 땅에 대고 엎드려 말했어요. "여호와, 그분이 하나님이십니다! 여호와, 그분이 하나님이십니다!" 엘리야는 바알을 섬기던 선지자들을 모두 죽였어요.

얼마 후, 구름이 하늘을 덮어 어두워졌어요. 마침내 하나님이 북 이스라엘 땅에 큰비를 내리셨어요. 하나님은 자신이 참 하나님이신 것을 분명하게 보여 주셨어요.

● ● 가스펠 링크

가짜 신 바알을 섬기던 사람들은 자기들이 바알을 사랑한다는 것을 보여 주기 위해 춤을 추고 소리를 지르며 칼로 몸에 상처를 내기도 했어요. 하지만 하나님은 그런 가짜 신들과는 달라요. 하나님은 우리를 향한 사랑을 나타내시기 위해 하나님의 아들 예수님을 보내셨어요. 예수님은 예수님을 믿고 의지하는 사람들을 죄에서 구원하기 위해 피 흘리고 죽으셨어요.

👑 환영

도착하는 아이들을 반갑게 맞이하고 헌금, 출석, QT 등을 확인하며 격려한다. 새 친구가 있다면 소개한다. 편안한 분위기에서 안부를 물으며 오늘의 말씀과 관련된 화제로 이야기를 나눈다. 아이들에게 가장 좋아하는 상상 속의 인물은 누구인지 물어본다. 자발적으로 대화에 참여하도록 이끈다.

예) "만화나 TV, 신화 속에 나오는 인물 중 가장 좋아하는 인물은 누구인가요?" 등.

—— 우리가 좋아하는 이야기 속의 인물들은 대부분 진짜가 아니에요. 어떤 사람이 진짜인지 가짜인지 어떻게 구별할 수 있나요? 오늘 우리가 들을 성경 이야기는 진짜와 가짜가 대결을 벌인 내용이에요. 과연 누가 이겼을까요?

💝 마음 열기

참일까? 거짓일까? *

[준비물] '진짜 혹은 거짓'(지도자용 팩)

① '진짜 혹은 거짓' 자료를 출력하여 잘라 둔다.

② 차례대로 카드를 뽑게 하고 한 명씩 앞으로 나와 카드에 있는 동물을 말이나 동작으로 설명하게 한다.

③ 정답을 맞히고, 그 동물이 진짜 동물인지 또는 상상 속의 동물인지 맞혀 보라고 한다.

—— 오늘의 성경 이야기를 보면 이스라엘 백성은 바알이라는 가짜 신을 섬겼다는 것을 알 수 있어요. 그리고 **유일하신 참 하나님이 바알의 선지자들 앞에서 자신을 나타내셨다**는 것도 알게 될 거예요.

똑, 똑, 뚝 놀이 *

① 아이들을 둥글게 앉히고 술래를 한 명 정한다.

② 술래는 친구들의 등을 살짝 건드리며 "똑"이라고 말하면서 원을 따라 걷다가, 한 친구에게 "뚝"이라고 말하며 등을 살짝 건드리고 도망가야 한다고 일러 준다.

③ "뚝"에 걸린 아이는 술래가 한 바퀴를 돌아 자기 자리에 앉기 전에 술래를 잡아야 한다고 말해 준다.

④ 술래가 잡히면 원의 한가운데에 앉아 벌칙을 수행하고, 술래가 빈자리에 앉으면 자리를 뺏긴 아이가 새로운 술래가 된다고 말해 준다.

—— 엘리야는 하나님의 능력을 보여 주고 싶었어요. 그래서 제단이 흠뻑 젖도록 물을 부은 후, 엘리야는 하나님께 기도하기 시작했어요. 과연 하나님은 젖은 제단에 불을 붙이실 수 있을까요?

첫 시작, 우리 반은요! *

[준비물] 학생용 교재 84쪽, 연필

① 새 학기를 맞아 선생님과 친구들에 대해 알아가는 시간을 갖는다.

② 선생님이 간단한 소개를 하고, 이름과 휴대폰 번호를 알려 준다.

③ 학생용 교재 84쪽을 펴고, 서로에게 질문하며 빈칸을 채우게 한다.

④ 친구에 대한 나만의 별명을 지어 준다.

⑤ 반 친구들과 이야기를 나누며 친해지는 시간을 갖는다.

*는 선택 활동입니다.

가스펠 설교

15~30분

 들어가기

[준비물] 실험 가운, 종이 몇 장이 끼워진 클립보드, 연필

실험 가운을 입고 종이 몇 장이 끼워진 클립보드와 연필을 들고 들어온다. 골똘히 생각에 잠겨 왔다 갔다 하느라 처음에는 아이들이 있다는 것을 눈치 채지 못한척 한다.

아이고, 깜짝이야! 안녕하세요. 여러분을 못 볼 뻔했네요! 제가 모은 자료들이 무슨 의미가 있는지 알아내려고 궁리하던 참이거든요. 자료란 과학적인 실험을 통해 찾아낸 정보나 증거를 말해요. 하지만 정보와 증거를 찾는 방법에 과학만 있는 것은 아니에요. 오늘 우리는 엘리야라는 하나님의 선지자에 대해 배울 거예요. 하나님은 하나님의 백성이 가짜 신을 섬기는 것을 그만두길 바라셨어요. 그래서 엘리야에게 한 가지 방법을 지시하셨어요. 이 방법을 통해서 **유일하신 참 하나님이 바알의 선지자들 앞에서 자신을 나타내셨어요.**

 연대표

'어린이를 위한 가스펠 프로젝트_하나님의 구원 계획' 영상(지도자용 팩)을 보여 주고 오늘의 성경 이야기도 하나님의 거대한 구원 계획의 한 부분에 속하는 이야기임을 상기시킨다.

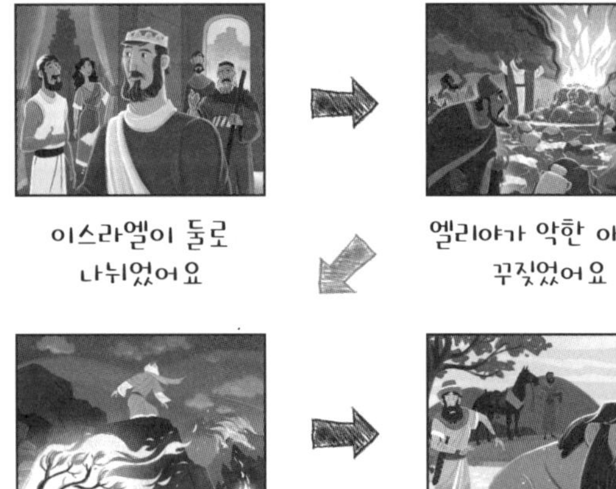

이스라엘이 둘로 나뉘었어요

엘리야가 악한 아합을 꾸짖었어요

엘리야가 이세벨을 피해 도망쳤어요

하나님이 나아만을 고쳐 주셨어요

기억하고 있나요? 이스라엘 왕국은 솔로몬의 죄 때문에 둘로 나뉘었어요. 연대표의 성경 이야기를 가리킨다. 하나님은 선지자들

을 많이 보내서 백성에게 그들의 죄를 경고하셨어요. 하지만 사람들은 들으려고 하지 않았지요. 그들은 가짜 신과 악한 것들을 따랐어요. 오늘 성경 이야기의 제목은 "엘리야가 악한 아합을 꾸짖었어요"예요.

 성경의 초점

엘리야는 하나님이 보내신 심부름꾼 중 한 명이었어요. 하나님의 말씀을 백성에게 전하는 일을 하는 선지자였지요. 하나님은 엘리야를 보내 북 이스라엘의 왕 아합을 꾸짖게 하셨어요. 바알이라는 가짜 신을 섬기던 아합은 하나님의 백성도 바알을 섬기도록 했기 때문이에요. 유일하신 참 하나님이 백성에게 하나님 외에 다른 신을 섬기지 말라고 명령하셨는데도 말이에요.

앞으로 몇 주 동안 배우게 될 '성경의 초점'의 질문은 **"하나님 외에 다른 신이 있나요?"**예요. 이제 성경 이야기를 잘 들어 보세요. 성경 이야기가 끝나면 각자 이 질문에 대해 어떤 결론을 내렸는지 이야기를 나누어 보기로 해요.

 성경 이야기

열왕기상 18장을 펴고, 설교 영상(지도자용 팩)을 보여 주거나 이야기 성경을 들려준다.

유일하신 참 하나님이 엘리야의 제단에 불을 보내 바알의 선지자들을 물리치셨군요! 바알은 제단에 불을 붙일 수 없었어요. 가짜 신이니까요. 하나님이 하나님의 능력을 나타내신 후, 사람들은 오늘 '성경의 초점'의 답을 알게 되었어요. **하나님 외에 다른 신이 있나요?** 아이들의 대답을 기다린다. **오직 하나님 한 분만이 우리의 예배를 받으실 참 신이세요.** 가짜 신 바알을 섬기던 사람들은 바알의 응답을 받아내기 위해 춤을 추고 소리를 지르며 자기 몸을 상하게 하기도 했어요. 하지만 유일하신 참 하나님은 그런 가짜 신들과는 달라요. 하나님은 오히려 아들인 예수님을 보내 우리를 향한 하나님의 사랑을 보여 주셨어요. 예수님은 십자가에서 피를 흘리고 죽으심으로 우리를 죄에서 구원하셨어요.

하나님은 예수님을 죽은 자들 가운데서 다시 살리셔서 하나

님의 큰 능력을 나타내셨어요. 이제 우리에게는 죄에서 벗어나 하나님과 영원히 함께할 수 있는 길이 열렸어요. 우리가 예수님을 따르고, 예수님께 순종하는 이유가 바로 여기 있어요.

복/습/질/문

1 북 이스라엘의 왕 아합은 누구를 섬겼나요?

가짜 신 바알 (왕상 18:18)

2 누가 엘리야에게 말씀을 주었나요?

여호와 (왕상 18:1)

3 아합은 가뭄을 누구 탓으로 돌렸나요?

엘리야 (왕상 18:17)

4 자신들이 섬기는 신의 관심을 받기 위해 춤추고, 소리 지르며, 몸을 상하게 한 사람들은 누구였나요?

바알의 선지자들 (왕상 18:26~28)

5 제단에 불을 붙이고, 바알의 선지자들을 물리친 이는 누구였나요?

여호와 (왕상 18:38)

6 하나님 외에 다른 신이 있나요?

오직 하나님 한 분만이 우리의 예배를 받으실 참 신이세요

 ## 복음 초청

성경과 121쪽 복음 초청 가이드를 이용해서 아이들에게 그리스도인이 되는 법을 설명해 준다. 따로 상담해 줄 사람을 정해 주고 궁금한 점이 있으면 물어보도록 격려한다.

이 시간 예수님을 마음에 모시고 싶은 친구는 함께 기도해요.

 ## 기도

하나님, 엘리야와 아합의 이야기를 통해 하나님 한 분만을 섬겨야 한다는 것을 알았습니다. 하지만 하나님보다 더 의지하는 것들이 있음을 고백합니다. 용서해 주세요. 우리의 예배를 받으실 참 하나님은 오직 한 분이십니다. 앞으로 더욱 하나님만을 섬기며 찬양할 수 있도록 성령님 도와 주세요. 예수님의 이름으로 기도합니다. 아멘.

 ## 적용

TIP 설교 도입이나 적용으로 활용하거나 영상을 본 뒤 소그룹으로 나누어 풍성한 대화를 이어 갈 수 있습니다.

여러분은 다른 사람에게 여러분의 사랑을 보여 주고 싶었던 적이 있나요? 그런 기억을 떠올려 보며 다음 영상을 함께 보기로 해요.

적용 예화 영상(지도자용 팩)을 보여 준다.

테디가 케이크를 만들지 않았다면 엄마는 테디를 덜 사랑했을까요? 케이크를 정말 맛있게 만들었다면 테디를 더 사랑했을까요? 우리는 하나님이 우리를 사랑하시도록 할 수 있을까요? 어떻게 하면 하나님의 사랑을 알 수 있을까요?

하나님은 아들이신 예수님을 이 땅에 보내 사람들을 죄에서 구원하심으로 우리를 향한 자신의 사랑을 보여 주셨다는 것을 강조한다.

가스펠 소그룹

 나침반

불을 내려주신 하나님!

"옛적에 선지자들을 통하여 여러 부분과 여러 모양으로 우리 조상들에게 말씀하신 하나님이 이 모든 날 마지막에는 아들을 통하여 우리에게 말씀하셨으니"(히 1:1~2상).

* 학생용 교재에서는 히브리서 1장 1~2 상반절을 히브리서 1장 1~2절로 표기했습니다.

[준비물] 학생용 교재 6쪽, 연필

① 빨강색, 주황색 테두리를 따라 선을 그리라고 한다.

② 글자들을 연결해 히브리서 1장 1~2 상반절을 완성하게 한다.

③ 완성된 암송 구절을 함께 큰 소리로 읽는다.

하나님은 선지자들을 통해 하나님이 참 하나님이심을 나타내셨어요. 우리는 유일하신 참 하나님만 예배해야 해요. 하나님은 하나님의 백성을 돕고 구원하시는 능력이 있는 분이세요. 하나님은 아들이신 예수님을 보내셔서 우리를 구원해 주셨어요.

 보물 지도

누구일까요?

[준비물] 성경

① 아이들을 3팀으로 나누고, 각 팀에게 '모세', '엘리야', '예수님'이라고 이름을 붙여 준다.

② 인도자가 인물을 설명하는 문장을 잘 듣고, 설명에 해당한다고 생각하는 인물의 팀은 자리에서 일어나라고 알려 준다.

③ 자리에서 일어난 팀에게는 왜 그렇게 생각하는지 이유를 말하게 한다.

④ 아이들이 어려워할 경우, 성경의 장과 절을 알려 주어 아이들이 참고할 수 있도록 돕는다.

1 이 선지자는 이스라엘 백성을 이집트에서 데리고 나왔어요.

모세 (출 3:10)

2 이 선지자는 불을 내려 제단을 태워 달라고 하나님께 기도했어요.

엘리야 (왕상 18장)

3 이 선지자는 하나님의 아들이기도 해요.

예수님 (요 1:1~3)

4 하나님은 이 선지자를 통해 물을 가르고 사람들이 마른 땅을 밟고 건너게 하셨어요.

모세, 엘리야 (출 14:16; 왕하 2:8)

5 이 선지자는 먹을 것이 없는 사람들에게 먹을 것을 주었어요.

모세, 엘리야, 예수님 (출 16:4; 왕상 17:14~15; 막 6:41~42)

6 이 선지자는 죽었어요.

모세, 예수님 (신 34:5~7; 마 27:50)

7 이 선지자는 죽은 자들 가운데서 살아났어요!

예수님 (마 28:5~7)

8 이 선지자는 하늘로 올라갔어요.

엘리야, 예수님 (왕하 2:11; 행 1:9)

선지자들은 하나님께 직접 말씀을 받았어요. 하나님은 선지자들을 사용하셔서 놀라운 기적을 일으키시고 능력을 나타내셨어요. 이것을 보고 사람들이 그들이 진짜 하나님의 심부름꾼인 것을 알도록 말이에요.

 ## 탐험하기

하나님 vs 바알

[준비물] 학생용 교재 7쪽, 연필

① 간단하게 오늘의 성경 이야기를 복습하거나 열왕기상 18장을 함께 읽어 본다.

② 질문에 알맞은 답에 ○표 또는 답의 번호를 쓰게 한다.

1 아합은 하나님의 명령을 저버리고 누구를 따랐나요? ② 바알

2 엘리야가 하나님이나 바알에게 무엇을 구해 보자고 제안했나요?
　② 불

3 바알의 선지자들은 바알에게 얼마나 오래 제사를 지냈나요? ① 하루

4 엘리야는 제단을 쌓을 때 몇 개의 돌을 사용했나요? ③ 12개

5 엘리야는 제단에 무엇을 두어 불이 붙는 것을 어렵게 만들었나요?
　① 물

　　오늘 우리는 엘리야라는 선지자에 대해 배웠어요. 엘리야는 돌로 제단을 쌓고, 제단 위에 물을 붓고 하나님께 기도했어요. 하나님은 제단에 불을 내리시고, 이스라엘에 큰 비를 내리셨어요. 하나님은 자신이 참 하나님이심을 분명히 보여 주셨어요.

불 막대기 만들기 *

[준비물] 색 끈(노랑, 빨강, 주황), **가늘고 긴 나무 막대기, 투명 테이프**

① 색 끈을 50cm 길이로 여러 개 잘라 둔다.

② 아이들에게 막대기를 하나씩 나누어 준다.

③ 잘라 놓은 끈을 테이프를 이용해 막대기에 붙이라고 한다.

④ 불 막대기를 흔들며 하나님을 찬양하자고 한다.

　　오늘 성경 이야기에서 엘리야는 하나님이 하나님의 능력을 보여 주실 것이라고 믿었어요. 하나님이 하늘에서 불을 보내 엘리야의 제물을 태우실 것이라는 사실을 말이에요. **유일하신 참 하나님이 바알의 선지자들 앞에서 자신을 나타내셨어요.** 하늘에서 불이 내려와 제단을 태우다니! 이 멋진 장면이 상상되나요? 오늘 만든 불 막대기를 보며 하나님이 하나님의 능력으로 우리를 구원하셨다는 것을 꼭 기억하세요. 하나님은 예수님의 죽음과 부활을 통해 우리를 구원하셨어요.

 ## 보물 상자

나만의 기록장

[준비물] 학생용 교재 8쪽, 연필이나 색연필

① 하나님을 제일 소중하게 생각하지 못하도록 방해하는 것이 무엇인지 물어본다.

② 이야기한 것을 그림이나 글로 표현하게 한다.

　　하나님은 죄를 뉘우치고 용서를 받고 싶은 사람은 제물을 드리라고 하나님의 백성에게 말씀하셨어요. 하지만 사람들은 하나님을 예배하지 않고, 바알과 같은 가짜 신들에게 제물을 바쳤어요. 바알에게는 백성을 용서할 능력이 없어요. 그런데도 사람들은 하나님이 아닌 것을 믿고 의지하며 죄를 지었지요. 만약 우리도 하나님보다 다른 것을 더 믿고 의지하고 있다면 하나님께 죄를 짓는 것이에요. 예수님은 우리를 위한 희생 제물이 되셔서 십자가에서 죽으시고 부활하시고, 우리를 죄에서 구원하셨어요. 예수님은 하나님께로 가는 유일한 길이 되세요. 예수님은 우리의 구원자가 되신다는 것을 기억하길 바라요.

메시지 카드 만들기

[준비물] 학생용 교재 85쪽 메시지 카드, 카드 고리, 펀치, 가위

① 카드를 오리고 펀치로 구멍을 뚫어 고리로 연결하게 한다.

② 가방이나 지갑에 고리를 끼워 항상 휴대하면서 오늘 배운 성경 이야기를 수시로 기억하게 하고, 가족과도 함께 나눌 수 있도록 격려한다

기도

유일하신 참 하나님을 찬양합니다. 예수님을 이 땅에 보내 우리를 위한 희생 제물이 되게 하시고, 우리를 구원해 주셔서 감사합니다. 하나님을 가장 사랑할 수 있도록 우리의 마음을 지켜 주세요. 그리고 오직 하나님만 예배할 수 있도록 성령님 도와 주세요. 예수님의 이름으로 기도합니다. 아멘.

2 엘리야가 이세벨을 피해 도망쳤어요

왕상 19장

엘리야 선지자는 가짜 신 바알을 이기신 하나님의 놀라운 능력을 보았습니다. 하나님은 하늘에서 불을 보내셨고, 큰비를 내려 오랜 가뭄을 끝내셨습니다. 엘리야는 분명 승리감을 맛보았을 것입니다. 악한 왕 아합도 여호와가 참 하나님이신 것을 부정할 수 없었습니다. 그러나 엘리야에게는 아합의 아내인 이세벨이라는 또 다른 문제가 기다리고 있었습니다. 이세벨은 바알을 숭배했기 때문입니다.

갈멜산에서 일어난 일을 전해 들은 이세벨은 엘리야를 죽이겠다고 협박했습니다. 엘리야는 도망쳐 광야에 숨었습니다. 이 얼마나 급작스러운 변화입니까? 하나님의 영광을 보여 달라고 신념에 가득 차 당당하게 기도하던 사람이 이제는 자신의 생명을 거두어 가시길 간청하고 있습니다(왕상 19:4 참조).

하나님은 엘리야에게 긍휼을 베푸셨습니다. 하나님의 천사가 지친 엘리야에게 먹을 것과 마실 것을 가져다주었습니다. 그것을 먹고 기운을 차린 엘리야는 호렙산에 이르러 하나님을 직접 만나게 되었습니다.

시내산의 또 다른 이름인 호렙산은 이스라엘의 역사상 매우 친숙한 장소였습니다. 그곳은 하나님이 이스라엘 백성에게 십계명을 주신 곳이며, 모세가 하나님을 만난 곳이었습니다.

열왕기하 18장의 사건을 경험했던 엘리야는 하나님이 웅장한 모습으로 나타나시기를 기대했을지도 모릅니다. 하지만 그가 경험한 것은 정반대였습니다. 하나님은 크고 강한 바람 속에 계시지 않았습니다. 지진 속에도 계시지 않았습니다. 불 속에도 계시지 않았습니다. 하나님은 세미한 소리로 엘리야에게 자신을 드러내셨습니다. 그것은 아주 부드러운 소리였습니다.

엘리야는 어려운 상황에 놓여 있었지만, 하나님은 그를 버려두지 않으셨습니다. 그가 혼자가 아니라는 사실을 확인시켜 주셨습니다. 바알에게 무릎을 꿇지 않은 사람 7,000명을 이스라엘에 남겨 두었다고 말씀하셨습니다. 또한 하나님은 엘리야에게 친구이자 후계자가 될 엘리사를 보내셨습니다.

주 제

하나님은 엘리야에게 부드럽고 조용한 소리로 자신을 드러내셨어요.

가스펠 링크

위대한 선지자이신 예수님은 하나님의 말씀을 전하고 가르친다는 이유로 미움을 받고 죽임을 당하셨어요.

● ● ● 티칭 포인트

아이들에게 하나님의 선지자들은 고통을 받았지만 하나님은 그들의 인생과 메시지를 통해 언제나 궁극적인 선지자이시며, 제사장이시요, 왕이신 예수 그리스도를 백성에게 나타내셨다는 것을 알려 주시기 바랍니다. 이 세상의 죄를 씻기 위해 고난을 당하신 예수님 말입니다.

엘리야가 이세벨을 피해 도망쳤어요 왕상 19장

엘리야는 선지자였어요. 그는 하나님의 능력을 잘 알았지요. 하나님은 북 이스라엘의 왕 아합과 모든 사람에게 자신이 유일한 참 하나님이라는 사실을 보여 주셨어요. 아합은 아내 이세벨에게 갈멜산에서 일어난 일을 들려주었어요. 그러자 바알을 숭배하는 이세벨은 화가 났어요. 이세벨은 엘리야에게 사람을 보내 그를 반드시 죽이겠다고 전했어요.

두려워진 엘리야는 이세벨이 찾을 수 없도록 멀리 광야로 도망쳤어요. 힘들고 지친 엘리야는 하나님께 기도했어요. "하나님, 이제 이것으로 충분하니 제 목숨을 거둬 주십시오." 그러고는 로뎀 나무 아래에 누워 잠이 들었어요.

하나님은 엘리야를 도울 천사를 보내셨어요. 천사가 엘리야를 깨우며 "일어나서 뭘 좀 먹어라"라고 말했어요. 엘리야가 일어나 보니 구운 빵 한 덩어리와 물 한 병이 놓여 있었어요. 그는 먹고 마신 후 다시 자리에 누웠어요.

천사가 다시 나타나 엘리야를 깨웠어요. "일어나 뭘 좀 먹어라. 네 갈 길이 아직 멀었다." 엘리야는 다시 일어나 음식을 먹었어요. 음식을 먹고 힘을 얻은 엘리야는 밤낮으로 40일 동안 걸어 호렙산에 도착했어요.

엘리야는 호렙산에 있는 한 동굴에 들어가 밤을 지냈어요. 하나님이 엘리야에게 말씀하셨어요. "엘리야야, 여기서 뭘 하고 있느냐?"

엘리야는 "저는 하나님을 열심히 섬겼습니다. 그러나 이스라엘 백성은 하나님의 언약을 버리더니, 이제는 제 목숨까지 빼앗으려 합니다"라고 대답했어요.

하나님은 엘리야에게 "곧 내가 지나갈 테니 산 위에서 있어라"라고 말씀하셨어요.

강한 바람이 빠르고 세차게 불어왔어요. 하지만 하나님은 바람 속에 계시지 않았어요. 바람이 지나간 뒤 지진이 일어났지만, 지진 속에도 하나님은 계시지 않았어요. 그다음에는 불이 났지만, 불 속에도 하나님은 계시지 않았어요. 불이 지나간 후 한 소리가 들렸어요. 아주 조용하고 부드러운 소리였지요.

엘리야는 겉옷으로 자신의 얼굴을 가리고, 동굴 입구에 섰어요. "엘리야야, 네가 어찌하여 여기 있느냐?"라는 소리가 들렸어요. "저는 하나님을 열심히 섬겼습니다. 그러나 이스라엘 백성은 하나님의 언약을 버리더니, 이제는 제 목숨까지 빼앗으려 합니다"라고 엘리야가 대답했어요.

하나님은 엘리야에게 하사엘, 예후, 엘리사를 지도자로 임명하라고 하셨어요. 하사엘은 아람(시리아)의 왕이 될 것이고, 예후는 북 이스라엘의 왕이 될 것이라고 하셨지요. 그리고 엘리사는 엘리야의 뒤를 이어 선지자가 될 것이라고 하셨어요.

엘리야는 하나님께 순종했어요. 그는 쟁기로 밭을 갈고 있던 엘리사를 찾아냈어요. 엘리사는 하던 일을 멈추고 엘리야를 따르며 그를 섬겼어요.

●● 가스펠 링크

하나님의 말씀을 선포하는 선지자 엘리야는 자신을 헤치려는 적들의 공격을 받았어요. 엘리야의 인생은 예수님을 가리키고 있어요. 위대한 선지자이신 예수님도 하나님의 말씀을 전하고 가르친다는 이유로 미움을 받고 죽임을 당하셨어요.

 가스펠
준비 10~20분

환영

도착하는 아이들을 반갑게 맞이하고 헌금, 출석, QT 등을 확인하며 격려한다. 새 친구가 있다면 소개한다. 편안한 분위기에서 안부를 물으며 오늘의 말씀과 관련된 화제로 이야기를 나눈다. 격려나 위로가 필요한 사람에게 어떻게 응원할 것인지 보여 달라고 말한다. 자발적으로 대화에 참여하도록 이끈다.

예) "경기를 관람할 때 좋아하는 팀을 어떻게 응원하나요?", "속상할 때나 기운이 없을 때 위로가 되는 말을 들어 본 적이 있나요?" 등.

─── 보통 응원이라고 하면 다른 사람에게 잘하라고 외치는 말이나, 경기 중인 친구에게 환호하는 것 정도로만 생각해요. 그러나 부드럽고 조용한 소리로 서로를 격려하는 것도 응원의 한 방법이에요. 오늘의 성경 이야기에 나오는 어떤 사람에게는 속삭임이 최고의 격려였다고 하는군요!

무엇을 말하는 걸까? *

[준비물] '추측 카드'(지도자용 팩), **스케치북, 색연필, 간식**(사탕, 과자)

① 지도자용 팩에 있는 '추측 카드'를 출력하여 잘라 둔다.

② 아이들에게 차례로 카드를 뽑게 하고, 한 명씩 일어나 카드에 적힌 단어를 그림이나 말로 설명하라고 한다.

③ 맞히는 아이들에게 간식을 선물로 준다.

─── 오늘 성경 이야기에 나오는 선지자는 하나님의 말씀을 전하다가 어려움을 겪게 되었어요. 과연 엘리야에게 무슨 일이 일어났는지 함께 알아보기로 해요!

마음 열기

바람, 지진, 불, 속삭임 *

① 아이들을 둥글게 세우고 술래를 한 명 정한다. 술래에게 눈을 감고 귀를 막으라고 한다.

② 다른 아이 한 명을 '비밀 요원'으로 정하고, 아래 동작 중 한 가지를 골라 행동하라고 한다.

· 바람 소리를 내며 팔을 양옆으로 젓기

· 지진 소리를 내며 다리를 구부리고 온몸을 흔들기

· 불 소리를 내며 양손을 머리 위로 올려 손가락을 꼬물거리기

· 입 앞에 양손을 모으고 속삭이는 소리를 내기

③ 나머지 아이들에게는 비밀 요원을 따라 똑같이 행동하라고 말해 준다.

④ 술래에게 눈을 뜨고 비밀 요원이 누군지 맞혀 보라고 한다.

─── 이스라엘 백성이 시내산에서 십계명을 받을 때 하나님은 어떤 모습으로 나타나셨는지 기억 하나요? (우뢰, 천둥, 큰 소리, 바람 등) 그런데 오늘 성경 이야기에서 엘리야는 크고 강한 바람과 지진, 불을 보았고, 또 부드럽고 조용한 소리를 들었어요. 하나님은 이 중에서 어떤 모습으로 나타나셨을까요? 이제 곧 알게 될 거예요!

2 | 엘리야가 이세벨을 피해 도망쳤어요

가스펠 설교

 ## 들어가기

[준비물] 실험 가운, 종이 몇 장이 끼워진 클립보드

실험 가운을 입고 종이 몇 장이 끼워진 클립보드를 들고 혼잣말을 하며 들어온다.

아, 이런, 이거 안 좋은데. 정말 안 좋아! 아이들이 있다는 것을 알 아차린다. 안녕하세요, 여러분. 지금 좀 곤란한 일이 생겼어요. 제가 실험을 했는데 아이스크림이 브로콜리처럼 건강에 좋은 음식이 아니라는 결과가 나왔지 뭐예요. 사실 딱 봐도 당연하긴 한데, 저랑 같이 연구하는 과학자 중 한 명이 아이스크림을 엄청나게 좋아하거든요. 그래서 혹시 아이스크림이 브로콜리보다 더 몸에 좋다는 것을 실험을 통해 증명해 줄 수 없겠냐고 부탁하더라고요.

제가 생각해 낼 수 있는 모든 방법을 동원해서 아이스크림의 영양 성분을 분석했는데, 드디어 결과가 나온 거예요. 저야 뭐 놀랍지 않지만, 그 친구는 아마 무척 실망할 거예요. 이야기하다 보니 오늘의 성경 이야기가 생각나네요.

연대표

엘리야가 악한 아합을 꾸짖었어요

엘리야가 이세벨을 피해 도망쳤어요

하나님이 나아만을 고쳐 주셨어요

하나님이 이사야를 부르셨어요

지난주 성경 이야기를 기억하나요? 연대표를 가리키며 하나님의 선지자인 엘리야는 누가 참된 신인지 알아보기 위해 바알의 선지자들과 시합을 했어요. **유일하신 참 하나님이 바**

알의 선지자들 앞에서 자신을 나타내셨어요. 북 이스라엘의 왕 아합과 그의 아내 이세벨은 바알을 섬겼어요. 그들은 하나님이 엘리야를 사용하셔서 가짜 신 바알의 선지자들을 모두 물리쳤다는 사실 때문에 기분이 안 좋았어요. 이세벨은 엘리야에게 화가 났어요. 그래서 엘리야를 죽이고 싶었지요! 오늘 성경 이야기의 제목은 "엘리야가 이세벨을 피해 도망쳤어요"랍니다.

 ## 성경의 초점

어떤 일이 있었는지 자세히 알아보기 전에, '성경의 초점'을 먼저 외워 볼까요? **하나님 외에 다른 신이 있나요? 오직 하나님 한 분만이 우리의 예배를 받으실 참 신이세요.** 맞아요! 하나님의 일을 하느라 위험에 빠졌지만, 엘리야는 하나님이 시키신 일을 하고 전하라고 하신 말씀을 전했어요. 하나님께 순종하는 것은 하나님이 우리의 예배를 받으실 분이라는 것을 잘 알고 있음을 하나님께 보여 드리는 아주 좋은 방법이지요. 자, 이제 엘리야에게 무슨 일이 일어났는지 알아볼 준비가 되었나요? 아이들의 대답을 기다린다. 좋아요! 그럼 모두 함께 말씀 속으로 출발!

 ## 성경 이야기

열왕기상 19장을 펴고, 설교 영상(지도자용 팩)을 보여 주거나 이야기 성경을 들려준다.

믿을 수 있나요? 엘리야가 용기를 잃다니! 하나님이 맡기신 일을 계속할 힘이 없다니 말이에요. 하지만 하나님은 좋은 분이세요. 하나님의 백성에게 필요한 것들을 채워 주시지요. 하나님은 엘리야에게 음식을 주시고, 부드럽고 조용한 소리로 위로하셨어요. 그리고 앞으로 해야 할 일도 알려 주셨지요. 하나님은 아주 큰 힘을 갖고 계신 분이지만, 동시에 부드럽고 친절한 분이세요. 하나님은 우리에게 무엇이 필요한지 잘 아세요. 위험한 적을 만날 때도 우리가 포기하지 않도록 도우세요. 하나님의 선지자인 엘리야는 자신을 해치려는 적들을 만났어요. 엘리야의 삶은 예수님과 비슷해요. 예수님도 위대한 선지자였고 하나님의 말씀을 전하고 가르친

다는 이유로 미움을 받고 죽임을 당하셨지요.

예수님은 우리가 죄 때문에 받아야 할 벌을 대신 받으셨어요. 십자가에 못 박혀 죽으시고 죽은 자들 가운데서 다시 살아나셔서 우리와 하나님이 좋은 사이가 될 수 있도록 해 주셨어요. 예수님을 믿고 의지할 때, 우리는 용서받고 영원한 생명을 얻게 되어요!

복 / 습 / 질 / 문

1 엘리야를 죽이고 싶어 한 것은 누구였나요?

이세벨 (왕상 19:2)

2 하나님의 천사는 몇 번이나 엘리야를 깨워 음식을 먹게 했나요?

두 번 (왕상 19:5~7)

3 엘리야는 음식을 먹은 뒤 어디로 갔나요?

호렙산 또는 하나님의 산 (왕상 19:8)

4 엘리야는 산에서 무엇을 보고 들었나요?

바람, 지진, 불을 보고, 세미한 소리를 들었다 (왕상 19:11~12)

5 하나님은 그 중에서 어디에 계셨나요?

세미한 소리 (왕상 19:12~13)

6 엘리야의 다음 임무는 무엇이었나요?

하사엘, 예후, 엘리사를 지도자로 세우는 것이다 (왕상 19:15~17)

7 하나님 외에 다른 신이 있나요?

오직 하나님 한 분만이 우리의 예배를 받으실 참 신이세요

✝ 복음 초청

성경과 121쪽 복음 초청 가이드를 이용해서 아이들에게 그리스도인이 되는 법을 설명해 준다. 따로 상담해 줄 사람을 정해 주고 궁금한 점이 있으면 물어보도록 격려한다.

이 시간 예수님을 마음에 모시고 싶은 친구는 함께 기도해요.

🙏 기도

하나님, 적들이 자신을 죽이려고 하는 상황에서도 엘리야가 하나님의 계획에 순종했습니다. 예수님 또한 적들에게 죽임을 당하면서도 하나님의 계획에 순종하셨습니다. 우리를 향한 놀라운 사랑에 감사합니다. 우리도 하나님을 가장 사랑하며 하나님의 말씀에 끝까지 순종할 수 있도록 함께해 주세요. 예수님의 이름으로 기도합니다. 아멘.

 적용

TIP 설교 도입이나 적용으로 활용하거나 영상을 본 뒤 소그룹으로 나누어 풍성한 대화를 이어 갈 수 있습니다.

어떨 때 적이 생길까요? 다음 영상을 함께 보기로 해요.

적용 예화 영상(지도자용 팩)을 보여 준다.

컵케이크들은 왜 과일과 채소를 좋아하지 않는지 이야기를 나누어 본다.

컵케이크들은 왜 채소를 싫어했을까요? 여러분이 예수님을 믿는다는 이유로 누군가가 여러분을 싫어했던 적이 있나요? 여러분은 그 사람들을 어떻게 대했나요? 사람들이 예수님 때문에 우리를 싫어할 때 우리는 그들을 어떻게 대해야 할까요? 예수님은 예수님의 적들을 어떻게 대하셨나요? 어떻게 하면 우리도 예수님처럼 할 수 있을까요?

가스펠 소그룹

 나침반

하나씩 하나씩 하나님의 뜻 찾기

[준비물] 학생용 교재 12쪽, 91쪽, 연필, 풀(접착테이프)

① 아이들과 1단원 암송(122쪽)을 함께 읽는다.

② 학생용 교재 91쪽의 암송 카드를 오려 12쪽 '풀칠' 표시에 붙이게 한다.

③ 흐린 글씨를 따라 쓰며 암송 구절을 익히게 한다.

④ 종이를 넘겨 빈칸을 채워 히브리서 1장 1~2 상반절 말씀을 완성하게 한다.

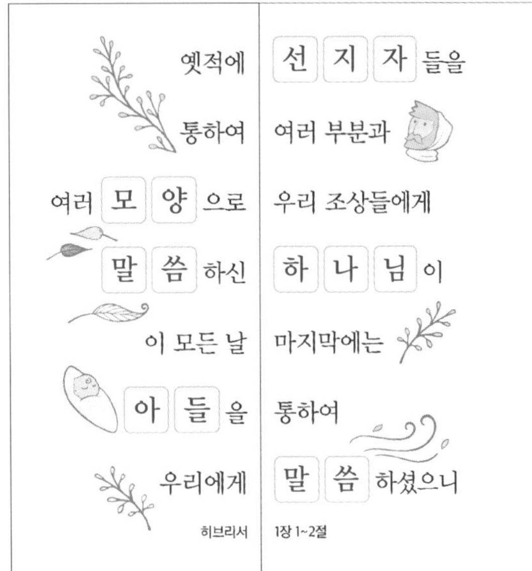

하나님은 선지자를 통하여 여러 부분과 모양으로 하나님의 말씀을 전하셨어요. 하지만 이 모든 마지막에는 하나님의 아들, 예수님을 통하여 우리에게 말씀하셨어요.

 보물 지도

움직이는 성경 이야기

[준비물] 성경

① 성경에서 열왕기상 19장을 펴고, 오늘의 성경 이야기를 간단하게 복습한다.

② 아이들에게 엘리야의 행동이 나오는 부분을 찾으라고 한다.

③ 복습하는 동안 엘리야의 행동을 동작으로 표현해 보라고 한다.

· 엘리야가 도망쳤다.

· 엘리야가 잠을 잤다.

· 엘리야가 먹었다.

· 엘리야가 호렙산으로 갔다.

· 엘리야가 바람 소리를 듣고, 불을 보았다.

· 지진을 느꼈고, 조용한 소리를 들었다.

· 엘리야가 엘리사를 찾으러 갔다.

④ 동작과 함께 성경 이야기를 복습하고 나면, 점점 속도를 빠르게 하여 더 빠른 동작으로 성경 이야기를 표현해 보게 한다.

하나님은 용기를 잃고 지쳐있던 엘리야에게 먹을 것을 주시고 돌보셨어요. 하나님은 엘리야를 호렙산으로 부르시고 바람과 지진, 그리고 불을 통해 하나님의 능력을 보여 주셨지요. 하지만 **하나님은 엘리야에게 부드럽고 조용한 소리로 자신을 드러내셨어요.** 그런 다음 엘리야에게 마지막 임무를 주셨어요. 새 지도자들을 임명하는 일이었지요.

 탐험하기

하나님은 어디에 계실까?

[준비물] 학생용 교재 13쪽, 연필

① 하나님이 엘리야에게 어떻게 나타나셨는지 이야기를 나눈다.

② 그림에 숨어 있는 물건 7개를 찾아서 ○표 해 보라고 한다.

③ 찾을 물건은 이글루(얼음집), 헤드폰, 나팔, 호루라기, 연필, 머그잔, 비둘기라고 일러 준다.

그림 속에 더 작고 발견하기 힘든 그림들이 숨어 있었지요? 우리는 주위의 크고 소란스러운 소음들 때문에 정작 들어야 할 소리를 놓치는 경우가 많아요. 엘리야는 바람, 지진, 불 속에서 작은 소리를 들었어요. **하나님은 엘리야에게 부드럽고 조용한 소리로 자신을 드러내셨어요.** 하나님은 하나님의 백성을 내버려 두지 않고 돌보시는 분이세요.

이세벨 술래잡기 *

① 교사는 한 아이를 뽑아 다른 아이들 몰래 엘리야로 정하고, 누가 엘리야인지는 오직 그 아이와 교사만 안다고 말해 준다.

② '이세벨 술래잡기'를 한다고 아이들에게 말하고, '엘리야' 역할을 하는 아이가 있다고 말해준다.

③ 아이들 중에 한 명을 뽑아 이세벨로 정하고, 이세벨(술래)은 다른 아이들을 가능한 한 많이 잡는다.

④ 아이들이 도망 다니다가 잡히면 제자리에 앉게 한다.

⑤ 이세벨이 엘리야를 잡거나 반대로 엘리야가 이세벨을 잡으면, 게임이 끝나고 각각 잡은 쪽이 이긴다.

　　　이세벨은 엘리야가 한 일에 너무 화가 나서 그를 죽이려고 했어요! 엘리야는 목숨을 구하기 위해 도망쳤어요. 하나님이 엘리야를 안전하게 지켜 주셨어요. 예수님을 믿다 보면 우리가 하는 말을 듣기 싫어하는 사람들을 만나게 되어요. 하나님께 기도하면 하나님은 우리가 용기를 내어 하나님이 맡기신 일을 해낼 수 있도록 필요한 도움을 주세요.

제자의 길 *

① 아이들에게 2명씩 짝을 지어 서로 마주 보고, 누가 더 생일이 빠른지 확인하라고 한다. 생일이 빠른 사람이 지도자가 된다.

② 지도자에게 표정을 짓거나, 손짓하거나, 발을 구르는 등 하고 싶은 행동을 하라고 한다. 다른 아이에게 지도자의 행동을 그대로 따라하게 한다.

③ 서로 역할을 바꿔 한 번 더 진행한다.

　　　하나님은 엘리야에게 엘리사를 찾으라고 말씀하셨어요. 엘리사는 엘리야의 뒤를 이어 선지자가 될 사람이었어요. 엘리사는 엘리야를 따라다니며 그를 섬겼어요. 엘리사는 엘리야와 시간을 함께 보내며 배운 뒤 선지자가 되었어요.

 ## 보물 상자

나만의 기록장

[준비물] 학생용 교재 14쪽, 연필

① 포기하고 싶었지만 끝내 포기하지 않았던 경험이 있으면 그림을 그리거나 글로 표현하게 한다.

② 곁에서 용기를 주는 사람이나 도움을 주는 사람이 있다면 함께 그려 보라고 한다.

　　　살다 보면 누구나 용기를 잃을 때가 있어요. 감사하게도 우리는 오직 하나님을 바라보도록 서로 격려해 줄 수 있어요. 예수님이 우리를 죄에서 구원하셨다는 것을 기억하면, 우리의 문제들이 덜 무섭게 느껴져요. 우리는 하나님의 능력과 하나님 도움을 의지하며 잘 해낼 수 있어요.

메시지 카드

이번 주 메시지 카드로 부모님과 함께 오늘 배운 성경 이야기를 나누어 보라고 한다.

기도

하나님의 백성을 돌보시는 하나님을 찬양합니다. 엘리야가 힘들고 지쳐 있을 때, 조용한 소리로 위로하신 하나님을 보았습니다. 순종하기 어려울 때, 포기하고 싶을 때, 힘 주시는 하나님을 기억합니다. 끝까지 하나님의 말씀에 순종할 수 있도록 도와주세요. 예수님의 이름으로 기도합니다. 아멘.

3 하나님이 나아만을 고쳐 주셨어요

왕하 5장

누구나 병에 걸릴 수 있습니다. 자주 병치레를 하는 사람도 있습니다. 질병은 여러분이 가르치는 아이들에게도 낯선 일이 아닙니다. 오늘의 성경 이야기에서 아람(시리아) 군대의 사령관인 나아만은 한센병(나병)이라는 아주 큰 병에 걸렸습니다. 한센병에 걸린 사람은 신체가 심하게 일그러질 뿐만 아니라 전염의 위험이 크기 때문에 사람들에게서 떨어져 지내야 했습니다. 당장 치료하지 않으면 나아만은 큰 고통을 겪을 처지였습니다. 하지만 뜻밖에도 노예로 잡혀 온 한 어린 소녀의 도움을 받게 되었습니다.

당시 북 이스라엘과 아람 사람들은 서로 사이가 좋지 않았습니다. 아람의 군대가 북 이스라엘에 쳐들어와 닥치는 대로 약탈했기 때문입니다. 그들은 사람들도 데려가 노예로 삼았습니다.

나아만의 아내가 데리고 있던 노예도 북 이스라엘에서 잡혀 온 소녀였습니다. 이 소녀는 유일하신 참 하나님을 알았습니다. 소녀는 기적을 베풀어 사람들을 돕고 치료하던 엘리사와 같은 선지자에 대해서도 잘 알고 있었습니다. 소녀는 자기 여주인에게 엘리사라면 나아만을 고칠 수 있을 것이라고 말했습니다. 아람왕은 북 이스라엘의 왕에게 편지를 보내 나아만의 한센병을 고쳐 달라고 부탁했습니다. 하지만 북 이스라엘의 왕에게는 나아만의 병을 고칠 능력이 없었습니다. 치료의 능력은 오직 하나님께만 있습니다.

엘리사는 나아만을 불렀습니다. 하지만 그다음 일어난 일은 나아만의 예상과는 전혀 달랐습니다. 나아만은 엘리사가 하나님의 이름을 부르고 상처 위에 손을 흔들어 치유의 기적을 베풀 것이라고 기대했습니다. 하지만 엘리사가 나아만에게 내린 지시는 그저 요단강에 가서 몸을 일곱 번 씻으라는 것이었습니다.

나아만은 화가 났습니다. 강에서 씻는 일 정도는 자기 고향에서도 얼마든지 할 수 있었기 때문입니다. 그러나 그의 종들은 나아만에게 강에 가서 씻으라고 간청했습니다. 나아만은 엘리사의 말대로 요단강에 내려가 몸을 씻었고, 하나님은 그를 낫게 하셨습니다.

주 제

하나님이 엘리사를 통해 나아만의 병을 고쳐 주셨어요.

가스펠 링크

모든 사람은 죄라는 죽을병에 걸려 있어요. 예수님만이 우리를 고쳐 주실 수 있어요.

● ● 티칭 포인트

모든 병자가 지금의 생에서 병 고침을 받는 것은 아닙니다. 육체적 질병은 타락한 세상에서 살아가는 사람들이 겪게 되는 죄의 결과 중 하나입니다. 온전한 치유는 예수님을 통해서만 가능하다는 것을 아이들에게 알려 주십시오. 예수님의 죽음과 부활로 우리는 용서와 영생이라는 고침을 받게 되었습니다.

하나님이 나아만을 고쳐 주셨어요 왕하 5장

엘리사가 선지자였을 때, 북 이스라엘은 종종 아람 사람들에게 공격을 받았어요. 아람의 군대는 도시에 쳐들어와 물건을 마구 빼앗아 갔어요. 심지어 사람들도 잡아가 노예로 삼았어요. 나아만은 아람 군대의 사령관이었어요. 그는 훌륭한 군인이었지만 병에 걸리고 말았어요. 바로 *한센병이라는 아주 무서운 병이었어요.

북 이스라엘에서 잡혀 온 노예들 중에 어린 소녀가 있었어요. 그 소녀는 나아만의 아내를 섬기게 되었지요. 소녀는 나아만이 병든 것을 보고, 그가 낫길 바랐어요.

소녀는 나아만의 아내에게 "주인님께서 사마리아에 있는 선지자를 만날 수 있으면 좋겠어요. 그 선지자라면 주인님의 병을 고쳐 주실 수 있을 거예요"라고 말했어요. 소녀의 말을 들은 나아만은 아람왕을 찾아가 말했어요. 아람왕은 나아만을 북 이스라엘에 보내기로 하고, 왕에게 보내는 편지를 썼어요. 편지에는 "내 신하 나아만을 왕께 보내니 이 편지를 받아 보시고 왕께서 그의 한센병을 고쳐 주십시오"라고 쓰여 있었어요.

편지를 읽은 북 이스라엘의 왕은 당황했어요. "내가 하나님이란 말인가? 내가 어떻게 사람을 죽이고 살릴 수 있겠는가? 아람왕은 왜 내게 사람을 보내 한센병을 고쳐 달라고 하는 것인가?" 왕은 나아만을 고칠 수 없었어요. 병을 고치는 능력은 오직 하나님께만 있으니까요.

엘리사 선지자는 왕이 어찌할 바를 모른다는 소식을 듣고 나아만을 자기 집으로 오게 했어요. 나아만이 엘리사의 집 앞에 도착했어요. 그는 언제라도 고침을 받을 준비가 되어 있었지요! 하지만 그다음에 일어난 일은 나아만의 기대와는 전혀 달랐어요. 엘리사는 문밖으로 나오지도 않았고, 그저 심부름꾼을 보내 "요단강에 가서 몸을 일곱 번 씻으시오. 그러면 당신의 피부가 회복되어 깨끗해질 것이오"라고 말했어요.

나아만은 화가 나서 말했어요. "강에서 씻으라고? 그런 건 우리 고향에서도 얼마든지 할 수 있는 일인데! 이 먼 사마리아까지 온 것이 다 헛고생이란 말인가?" 그는 엘리사가 하나님의 이름을 부르고 자기의 상처 난 피부에 손을 얹어 병을 고칠 것으로 생각했던 것이지요.

화가 난 나아만은 돌아가려고 했어요. 하지만 그의 종들이 엘리사의 말대로 해 보자고 간곡히 설득했어요. 나아만은 할 수 없이 요단강으로 갔어요. 그러고는 강물에 몸을 일곱 번 담갔어요. 그러자 그의 병이 나아 피부가 깨끗해졌어요!

나아만과 함께 온 모든 사람은 다시 엘리사에게 돌아갔어요. 나아만은 엘리사에게 "이제야 내가 이스라엘 외에 다른 어디에도 하나님이 계시지 않음을 알게 되었습니다!"라고 말했어요. 바로 이스라엘의 하나님이 참 하나님이시라고 고백한 거예요.

●●● 가스펠 링크

한센병에 걸린 나아만은 하나님이 엘리사를 통해 하신 말씀에 따라 요단강에서 몸을 씻고 병이 나았어요. 모든 사람은 죄라는 죽을병에 걸려 있어요. 예수님만이 우리를 고쳐 주실 수 있어요. 우리가 예수님을 주님과 구원자로 믿고 의지할 때, 하나님은 우리의 죄를 용서하시고 우리를 고치세요.

*한센병 : 피부의 감각이 없어지고, 손발이나 얼굴의 모양에 심각한 변화를 일으키는 병

가스펠 준비

👑 환영

도착하는 아이들을 반갑게 맞이하고 헌금, 출석, QT 등을 확인하며 격려한다. 새 친구가 있다면 소개한다. 편안한 분위기에서 안부를 물으며 오늘의 말씀과 관련된 화제로 이야기를 나눈다. 혹시 찰과상이나 화상 등 피부에 상처를 입거나 피부병에 걸린 적이 있는지 물어본다. 상처를 낫게 하려고 어떻게 했는지 물어본다. 자발적으로 대화에 참여하도록 이끈다.

예) "피부병을 앓은 적이 있나요?", "상처를 낫게 하려고 어떤 조치를 취했나요?", "알고 있는 불치병(못 고치는 병)이 있나요?" 등.

—— 상처를 입거나 피부병에 걸렸을 때 약을 바르면 낫지요? 하지만 약으로 치료가 되지 않을 때도 있어요. 오늘 우리는 성경 이야기를 통해 한센병이라고 하는 아주 심한 병에 걸린 한 사람을 만나게 될 거예요.

💝 마음 열기

피부가 거칠거칠 *

[준비물] 모래, 큰 비닐, 양동이 2개

① 바닥에 비닐을 깔아 모래를 준비하고, 양동이에 물을 채워 둔다.
② 아이들에게 양동이에 손을 담근 뒤 모래에 손을 넣으라고 한다.
③ 모래에서 손을 꺼내고 어떤 느낌이 드는지 설명해 보라고 한다.
④ 또 다른 양동이에 손을 깨끗이 씻으라고 한다.

—— 손에 모래가 잔뜩 묻었을 때 어떤 느낌이 들었나요? 한센병은 우리 피부의 신경을 망가뜨리는 병이에요. 이 병에 걸리면 고통조차 느낄 수 없게 되지요. 뜨겁거나 날카로운 물건에 다쳐도 깨닫지 못하는 거예요. 시간이 지날수록 피부는 점점 상하고 거칠어져요. 나아만은 한센병에 걸렸고, 낫고 싶었어요. 나아만이 어떻게 되었는지 함께 볼까요?

어떤 것이 더 좋아요? *

① 아이들을 둥글게 앉힌다.
② 아이들에게 아래 질문을 하고, 둘 중 어떤 것을 더 하고 싶은지 말해 보라고 한다.

1. 일 년 동안 매일 100원씩 받는 것이 좋아요? 아니면 한꺼번에 3만 6,500원을 받는 것이 좋아요?
2. 수영장에서 수영하는 것이 좋아요? 아니면 바다에서 수영하는 것이 좋아요?
3. 축구를 잘하는 것이 좋아요? 아니면 야구를 잘하는 것이 좋아요?
4. 가수가 되는 것이 좋아요? 아니면 연기자가 되는 것이 좋아요?
5. 병이 낫는 것이 좋아요? 아니면 병을 가진 채로 살아가는 것이 좋아요?

—— 간절히 원하는 것을 얻기 위해 꼭 해야 하는 과정이 있다면 여러분은 그 지시를 따를 건가요? 오늘 성경 이야기에 나오는 주인공도 이런 고민을 했어요. 그 사람은 시키는 대로 하기 싫었어요! 시키는 대로 하는 것보다 차라리 아픈 게 나을까요? 성경 이야기의 주인공은 과연 어떤 선택을 했을까요?

가스펠 설교

15~30분

 **들어가기**

[준비물] 실험 가운, 종이 몇 장이 끼워진 클립보드

실험 가운을 입고 종이 몇 장이 끼워진 클립보드를 들고 들어온다. 모르겠어요. 말이 안 돼요. 박사님에게 다음 실험이 무엇인지 물어보려고 연구실에 찾아왔는데, 박사님은 저한테 온종일 물의 온도나 재라고 하시네요. 이런 일은 특별한 실험 장비가 없어도 할 수 있다고요! 싱크대와 온도계 정도는 집에도 있으니까요. 무언가 새롭고 흥미진진한 실험을 기대하고 왔는데, 이건 정말 불필요한 일인 것 같아요. 한숨을 쉰다. 이해는 안 되지만 그래도 박사님의 말씀대로 해야겠지요? 사실 오늘 우리가 배울 성경 이야기에도 저처럼 다른 사람의 지시를 따르고 싶지 않았던 한 사람이 나와요. 결국은 순종했지만 말이에요.

 **연대표**

지난주 우리는 **하나님이 엘리야에게 부드럽고 조용한 소리로 자신을 드러내셨다**는 것을 배웠어요. 하나님이 엘리야에게 뭐라고 말씀하셨는지 기억하는 사람 있나요? 아이들의 대답을 기다린다. 맞아요! 하나님은 엘리야에게 새 지도자들을 임명하는 일을 맡기셨어요! 그중 엘리사라는 사람은 선지자로 부름을 받았어요. 하나님은 엘리사를 통해 많은 기적

을 베푸셨어요. 연대표에서 오늘의 성경 이야기를 가리킨다. 오늘 성경 이야기의 제목은 "엘리사가 나아만을 고쳤어요"랍니다.

 **성경의 초점**

성경 이야기를 시작하기 전에 '성경의 초점'을 확인해 볼까요? **하나님 외에 다른 신이 있나요? 오직 하나님 한 분만이 우리의 예배를 받으실 참 신이세요.** 다들 기억을 잘하는군요! 한센병에 걸린 나아만은 아람 사람이었어요. 나아만은 하나님을 섬기지도 않았지요. 하나님은 나아만을 고쳐 주셨을까요? 이제 함께 알아보아요!

 **성경 이야기**

열왕기하 5장을 펴고, 설교 영상(지도자용 팩)을 보여 주거나 이야기 성경을 들려준다.

하나님은 정말 사람들을 사랑하시는군요. 하나님이 어떤 분인지 알지 못하고 그분을 사랑하지 않는 사람에게까지 사랑을 베푸시니 말이에요! 그런데 여러분, 그거 아세요?! 나아만은 '성경의 초점'에 대한 답을 알아버렸어요. **오직 하나님 한 분만이 우리의 예배를 받으실 참 신**이라는 사실을 말이에요. 나아만은 자기 병을 고칠 수 없었어요. 하나님의 도움이 필요했지요. 엘리사의 종이 나아만에게 어떻게 해야 할지 일러 주었어요. 하지만 나아만은 그 말을 듣고 화를 냈어요. 엘리사가 직접 나와 자기를 맞이하고 병을 낫게 하는 거창한 의식을 할 거라고 기대했거든요. 자기 상처 위에 손을 흔들며 하나님의 이름이라도 부를 줄 알았지요. 그런데 고작 요단 강에 가서 몸을 씻으라니. 나아만은 자존심이 상해 하나님을 의지하지 못할 뻔했어요. 하지만 결국 순종했고, **하나님은 나아만의 병을 고쳐 주셨어요.**

모든 사람은 죄라는 죽을병에 걸려 있어요. 우리 모두에게는 치료자가 필요하지요. 예수님을 주님과 구원자로 믿고 의지할 때, 하나님은 우리 죄를 용서하시고 우리를 고치세요. 때때로 우리는 구원 받는 방법을 우리가 더 잘 안다고 생각해요. 오직 예수님만 우리를 구원하실 수 있는데 말이에요. 예수님은 완전하고 거룩한 삶을 사셨어요. 예수님을 믿고 의

지할 때, 우리와 하나님의 사이가 가까워지고, 우리는 죄를 용서받게 되지요.

복 / 습 / 질 / 문

1 나아만은 엘리사에 대해 어떻게 알게 되었나요?

북 이스라엘에서 잡혀 온 어린 소녀가 알려 주었다 (왕하 5:2~3)

2 북 이스라엘에 도착한 나아만이 먼저 찾아간 곳은 어디였나요?

북 이스라엘의 왕을 먼저 찾아갔다 (왕하 5:6~7)

3 이스라엘 왕이 자신은 병을 고칠 수 없다고 하자 나아만은 어디로 갔나요?

엘리사의 집으로 갔다 (왕하 5:8~9)

4 엘리사는 나아만에게 어떻게 하라고 전했나요?

요단강에 가서 몸을 일곱 번 씻으라고 했다 (왕하 5:10)

5 나아만은 왜 화가 났나요?

엘리사가 직접 나와 하나님 여호와의 이름을 부르고 손을 그 부위 위에 흔들어 한센병을 고칠 것이라고 생각했기 때문이다 (왕하 5:11)

6 마침내 나아만이 순종하기로 했을 때 어떤 일이 일어났나요?

그의 살이 회복되어 깨끗하게 되고, 나아만은 하나님 외에 다른 신에게는 제사를 드리지 않겠다고 결심했다 (왕하 5:14~17)

7 하나님 외에 다른 신이 있나요?

오직 하나님 한 분만이 우리의 예배를 받으실 참 신이세요

찬양

나의 주 하나님

하나님 유일하신 주 그분의 백성 구원하실
그 누구도 할 수 없는 일 영광과 능력 보이셨네
신실한 하나님 사랑 만백성을 위해 보이셨네
언제나 변함없으신 사랑의 구주 나의 하나님

어제나 오늘이나 영원토록 변함 없는
놀라운 주의 은혜 그 무엇도 바꿀 수 없는
하나님 나의 사랑 나는 하나님 사랑
Jesus my love forever

예수님 나의 구원자 하나님 아들 이 땅에 오신
그 누구도 할 수 없는 일 날 위해 대신 죽으셨네
십자가에 못박히시고 다시 부활하신 나의 주님
나를 부르시는 사랑의 구주 나의 예수님

어제나 오늘이나 영원토록 변함 없는
놀라운 주의 은혜 그 무엇도 바꿀 수 없는
예수님 나의 사랑 나는 예수님 사랑
Jesus my love forever.

※지도자용 팩 또는 가스펠 프로젝트 홈페이지(gospelproject.co.kr)에서 이용하세요.

복음 초청

성경과 121쪽 복음 초청 가이드를 이용해서 아이들에게 그리스도인이 되는 법을 설명해 준다. 따로 상담해 줄 사람을 정해 주고 궁금한 점이 있으면 물어보도록 격려한다.

이 시간 예수님을 마음에 모시고 싶은 친구는 함께 기도해요.

기도

사랑의 하나님, 나아만의 이야기를 통해 하나님이 참 하나님이신 것을 알게 해 주셔서 감사합니다. 우리도 하나님을 온전하게 믿고, 하나님만 찬양할 수 있도록 믿음을 더해 주세요. 죄로 인해 병든 우리를 위해 예수님을 보내 주셔서 감사합니다. 치료자로 오신 예수님을 다른 사람에게 전하는 어린이가 되도록 인도해 주세요. 예수님의 이름으로 기도합니다. 아멘.

적용

TIP 설교 도입이나 적용으로 활용하거나 영상을 본 뒤 소그룹으로 나누어 풍성한 대화를 이어 갈 수 있습니다.

여러분이 아프면 누가 여러분을 돌보아 주나요? 그런 생각을 하며 다음 영상을 보기로 해요.

적용 예화 영상(지도자용 팩)을 보여 준다.

하나님이 사람들의 병을 고쳐 주시지 않는다고 해서 우리를 돌아보지 않으시고 우리에게 관심이 없으신 걸까요? 아니에요. 오히려 하나님은 예수님이 십자가에서 죽으시고 다시 살아나게 하셔서 우리에게 몸의 병을 고치는 것보다 더 중요한 것을 주셨어요. 예수님은 우리를 죄에서 구하시고, 우리가 하나님과 영원히 함께 살 수 있도록 해 주셨어요.

가스펠 소그룹

나침반

가스펠 프로젝트

[준비물] 학생용 교재 18쪽, 91쪽, 연필이나 색연필

① 빈칸을 채우고 불가위바위보 게임을 통해 '다시 오실 그리스도'에 먼저 도착하게 한다.

② '불'은 '가위바위보' 모두를 이길 수 있고, 다섯 번만 낼 수 있다고 말해준다. 하지만 동시에 '불'을 낼 경우 서로 비기게 된다.

③ 이긴 사람은 2칸 이동, 진 사람은 1칸 이동한다.

④ 91쪽 가스펠프로젝트 마크를 오려 게임말로 사용하게 한다.

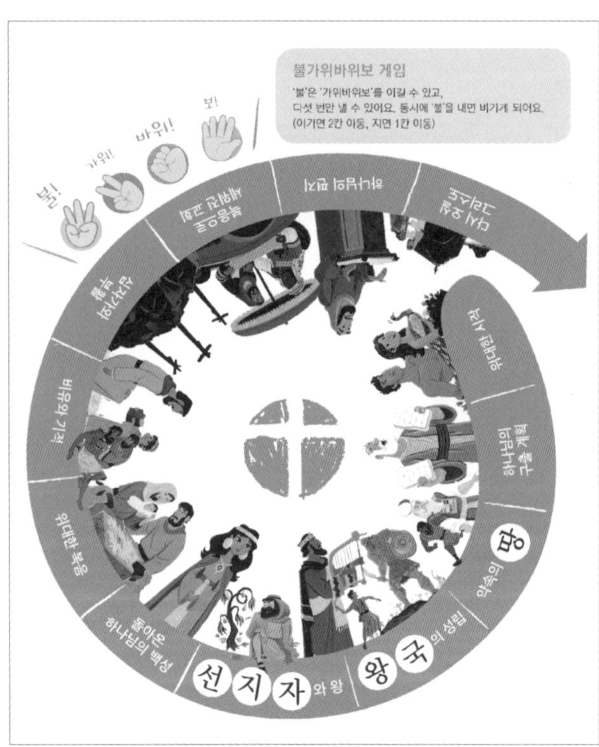

엘리사는 선지자였어요. 선지자들은 하나님의 말씀을 직접 듣고 전하지요. 이제 우리는 성경을 읽을 때 하나님의 말씀을 직접 알게 되어요! 하나님의 말씀은 예수님의 죽음과 부활을 통해 우리에게 와요. 하나님은 우리가 예수님을 믿고 의지할 때 우리를 죄에서 구원하신다고 말씀하세요.

보물 지도

퐁당퐁당, 공을 옮기자!

[준비물] 성경, 색깔 다른 공 2개, 찬양 한 곡

① 아이들을 둥글게 앉히고, 성경에서 열왕기하 5장을 찾아 읽으라고 한다.

② 찬양을 틀고, 색깔이 다른 공 2개를 아이들에게 주며 공을 서로 다른 방향으로 건네주라고 말한다.

③ 아무 때나 인도자가 찬양을 멈추고, 공의 색깔을 한 가지 말한다. 말한 색의 공을 들고 있는 아이에게 질문을 던지고 답을 말하라고 한다.

④ 답을 모르면 성경을 찾아보게 한다. 틀리면 친구들이 둘러 앉은 원의 둘레를 일곱 번 돌라고 한다. 찬양을 다시 틀고 게임을 계속한다.

1 나아만의 직업은 무엇이었나요?

아람(시리아) 군대의 장관(사령관) (왕하 5:1)

2 나아만에게 어떤 문제가 있었나요?

한센병에 걸렸다 (왕하 5:1)

3 나아만의 어린 여종은 어느 나라 사람이었나요?

북 이스라엘 (왕하 5:2)

4 북 이스라엘의 왕은 왜 나아만을 고쳐 주지 않았나요?

하나님만 고치실 수 있기 때문이다 (왕하 5:7)

5 나아만은 요단강에 가서 몸을 몇 번 씻으라고 지시 받았나요?

일곱 번 (왕하 5:10)

6 나아만에게 순종하라고 설득한 사람은 누구였나요?

나아만의 종들 (왕하 5:13)

7 나아만은 병이 나은 후 누구를 섬기기로 했나요?

유일하신 참 하나님 (왕하 5:17)

나아만은 엘리사의 종이 나와 요단강에 일곱 번 씻으라고 말한 것을 듣고 자신을 무시하는 것 같아 기분이 나빴어요. 하지만 엘리사의 말에 순종하여 요단강에서 일곱 번 씻으니 한센병이 나았지요. 하나님은 얼마나 화려한 사람인가 또는 어떤 일을 했는가를 보고 고치시는 것이 아니라는 사실을 나아만은 알게 되었어요.

탐험하기

이랬던 나아만이!

[준비물] 학생용 교재 19쪽, 연필이나 색연필

① 한센병에 걸린 나아만의 표정과 병이 나은 나아만의 표정을 그려 보라고 한다.

② 병이 걸렸을 때와 하나님이 병을 고쳐 주셨을 때 나아만이 어떤 말을 했을지 말풍선에 적게 한다.

─── 엘리사는 나아만에게 요단강에 가서 몸을 일곱 번 씻으라고 말했어요. 나아만이 그 말에 순종했을 때 하나님은 나아만의 한센병을 고치셨어요! 자신을 그렇게 쉽고 완벽하게 고치는 분은 하나님 한 분밖에 없었기 때문에, 나아만은 하나님을 섬기기 시작했어요.

나아만 인형 만들기 *

[준비물] '나아만 인형'(125쪽 또는 지도자용 팩), 가위, 나무 막대, 수성 사인펜, 물티슈

① '나아만 인형'을 아이들 수만큼 출력 또는 복사하여 코팅해 둔다.

② '나아만 인형'을 나무 막대에 붙인 후 아이들에게 한 개씩 나누어 준다.

③ 아이들에게 수성 사인펜으로 나아만의 몸에 상처와 흉터를 그려 보라고 한다.

④ "예수님 고쳐 주세요!"라고 외치며, 물티슈로 상처를 지우게 한다.

─── 하나님은 나아만에게 하나님의 능력과 사랑을 보여 주셨어요. **하나님이 엘리사를 통해 나아만을 고쳐 주셨어요! 나아만은 우리의 예배를 받으실 참 하나님은 오직 한 분뿐**이라는 것을 알게 되었어요.

예수님도 우리의 죄를 깨끗이 닦아 주세요. 아무 죄 없으신 예수님은 우리가 받아야 할 죄의 벌을 대신 받으셨어요. 예수님을 믿고 의지하면, 하나님은 우리의 죄를 용서하시고 우리를 깨끗하게 해 주세요.

보물 상자

나만의 기록장

[준비물] 학생용 교재 20쪽, 연필

① 아는 사람 중에 아픈 사람을 떠올려 보게 한다.

② 그 사람을 고칠 능력이 있는 하나님께 기도문을 쓰도록 한다.

─── 아담과 하와가 죄를 지은 후, 병은 이 세상의 일부가 되었어요. 하나님은 모든 것을 다스리고 계세요. 하나님은 우리의 병을 통해 하나님께 영광을 돌리거나, 하나님을 더 믿고 의지하는 법을 가르쳐 주시기도 해요. 하나님은 병든 사람들을 고칠 능력이 있으세요. 우리는 아픈 사람들을 고쳐 달라고 하나님께 기도할 수 있어요. 그리고 하나님은 언제나 가장 좋은 방법으로 우리를 도와주신다는 사실을 믿어야 해요. 우리가 기도한 사람들의 병이 낫지 않는다고 해도, 하나님이 예수님을 보내셔서 병보다 더 큰 문제인 죄에서 우리를 구하셨다는 사실을 기억해야 해요.

메시지 카드

이번 주 메시지 카드로 부모님과 함께 오늘 배운 성경 이야기를 나누어 보라고 한다.

기도

하나님, 나아만의 병과 죄까지 해결하신 하나님을 찬양합니다. 우리 또한 죄로 인해 병들어 있음을 고백합니다. 우리는 용서받을 자격이 없지만, 예수님을 통해서 우리의 죄를 깨끗하게 해 주셔서 감사합니다. 우리가 하나님만 사랑하고 따를 수 있도록 함께해 주세요. 예수님의 이름으로 기도합니다. 아멘.

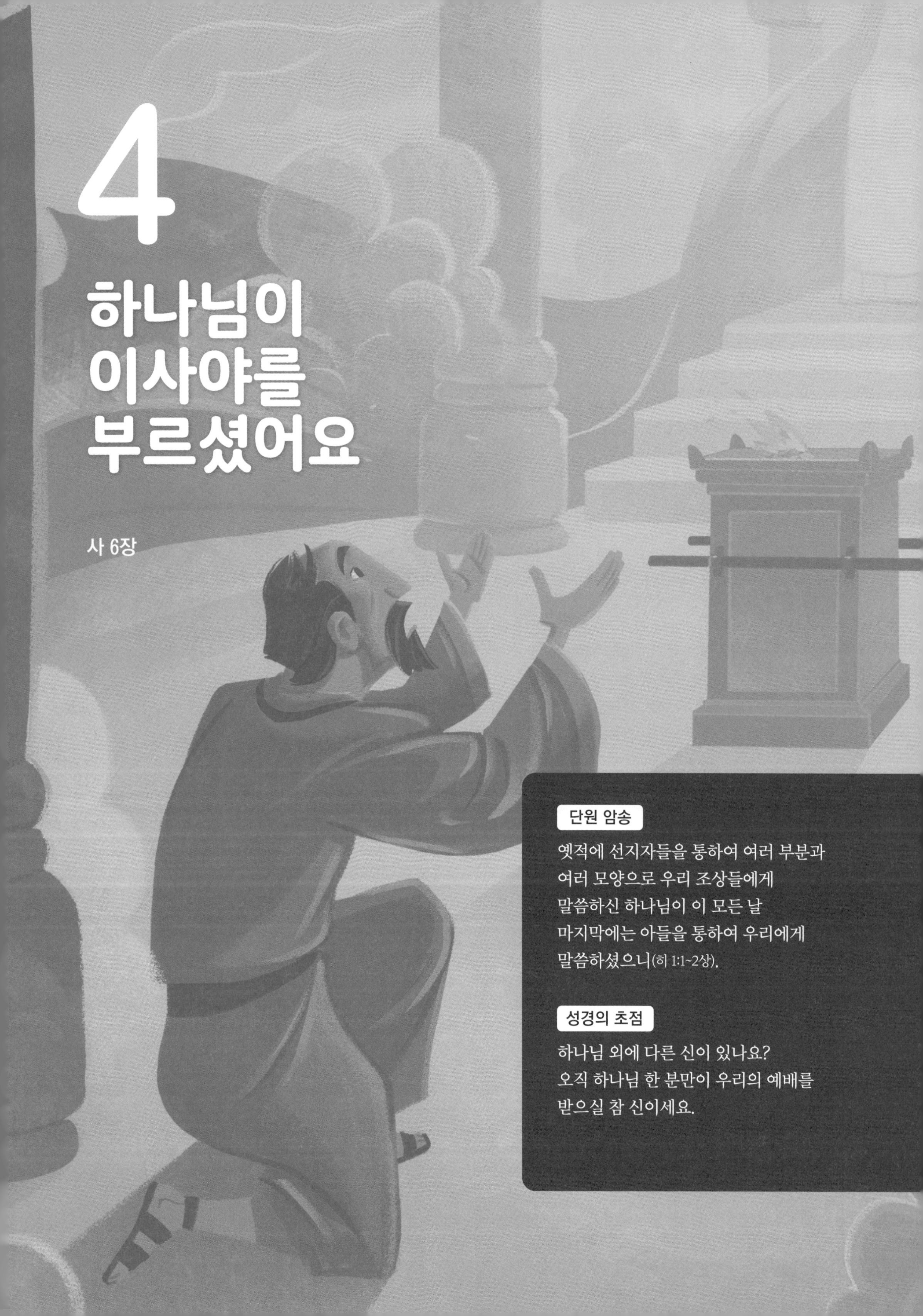

4

하나님이 이사야를 부르셨어요

사 6장

단원 암송

옛적에 선지자들을 통하여 여러 부분과
여러 모양으로 우리 조상들에게
말씀하신 하나님이 이 모든 날
마지막에는 아들을 통하여 우리에게
말씀하셨으니(히 1:1~2상).

성경의 초점

하나님 외에 다른 신이 있나요?
오직 하나님 한 분만이 우리의 예배를
받으실 참 신이세요.

남 유다왕 웃시야의 죽음으로 이스라엘 남쪽 왕국의 한 시대가 끝났습니다. 그의 통치 기간은 길었으며, 그가 다스리는 동안 남 유다는 번영했습니다. 웃시야는 16세에 왕이 되어 52년 동안 남 유다를 다스렸습니다.

웃시야는 스가랴 선지자의 가르침에 귀를 기울였습니다. 그는 하나님을 두려워했고, 하나님은 그를 축복하셨습니다. 하지만 웃시야는 교만에 빠지고 말았습니다(대하 26:16 참조). 하나님은 웃시야를 한센병에 걸리게 하셨고, 결국 그는 죽었습니다.

웃시야가 남 유다를 다스리는 동안, 하나님의 백성은 하나님의 약속을 버리고 그들을 둘러싼 세상의 약속을 의지했습니다. 하나님은 아브라함의 자손을 통해 온 세상에 복을 주겠다고 약속하셨지만, 하나님의 백성은 하나님께 반역했습니다. 그들은 하나님의 복이 아니라 하나님의 심판을 자초한 것입니다.

그럼에도 하나님의 계획과 약속은 무산되지 않았습니다. 하나님은 이사야 선지자를 보내 소망의 메시지를 선포하셨습니다. 하나님은 심판을 통해 자기 백성을 바로잡으실 것이지만, 그 목적은 그들에게 은혜를 베풀고 그로써 영광을 받으시는 것이었습니다. 하나님은 세상에 구원을 가져다줄 메시아를 보낼 계획을 갖고 계셨습니다.

이사야 6장은 성전에서 예배드리는 이사야의 모습으로 시작합니다. 하나님은 이사야에게 환상을 보여 주셨습니다. 이사야는 보좌에 앉아 계신 하나님을 보았습니다. 웃시야가 죽은 해에 하나님은 보좌에 앉아 우주를 다스리고 계셨습니다. 거룩하신 하나님의 위엄은 이사야로 하여금 그의 죄가 얼마나 크고 중한지를 깨닫게 했습니다. 그의 반응은 어떠했을까요? 바로 이렇게 말했습니다. "화로다 나여 망하게 되었도다"(사 6:5).

● ● 티칭 포인트

아이들이 이사야에게 베푸신 하나님의 은혜에 주목하게 도와주십시오. 그리고 그 은혜가 오늘날 우리에게 예수님을 통해서 전해졌음을 연결해 주십시오. 하나님은 이사야에게 은혜를 베푸셨습니다. 이사야의 죄를 없애 주셨습니다. 하나님이 이사야의 죄를 용서하신 것은 그의 죗값을 치르기 위해 예수님을 보내실 것이기 때문이었습니다. 예수님은 십자가의 죽음으로 우리 죄의 대가를 지불하셨습니다. 예수님을 믿는 사람들의 과거, 현재, 미래의 죄까지 말입니다. 우리가 예수님을 믿고 의지하면 하나님은 이사야에게 들려주셨던 것과 같은 말씀을 우리에게도 들려주십니다. "네 악이 제하여졌고 네 죄가 사하여졌느니"(사 6:7).

주 제

이사야가 영광 중에 계신 거룩하신 하나님을 보았어요.

가스펠 링크

하나님이 얼마나 거룩한 분인지 알게 되면 우리의 죄가 얼마나 큰지 깨닫게 되어요. 하나님은 우리의 죄를 없애기 위해 아들이신 예수님을 보내셨어요. 우리의 구원은 오직 예수님 안에만 있어요.

하나님이 이사야를 부르셨어요 사 6장

솔로몬이 죽은 후 이스라엘은 북 이스라엘과 남 유다 두 나라로 나뉘었어요. 각 나라 백성은 자기 왕들이 자신들을 지켜 주고 돌보아 주기를 바랐어요. 그 당시는 아시리아라는 힘 센 나라가 주변 나라에 세력을 넓히고 있었기 때문이에요.

남 유다를 다스리던 웃시야는 좋은 왕이었어요. 백성은 안전하다고 느꼈지요. 하지만 웃시야왕이 죽자 사람들은 걱정과 두려움에 빠졌어요.

웃시야왕이 죽던 해에, 이사야 선지자는 성전에서 하나님께 예배를 드리다가 환상을 보았어요. 하나님이 높은 보좌에 앉아 계셨어요. 하나님의 옷은 길었고, 그 옷자락은 성전을 가득 채우고 있었지요. 스랍이라는 천사들이 하나님의 위쪽에 있었는데, 그들에게는 날개가 6개씩 있었어요. 스랍들은 "거룩하시다! 거룩하시다! 거룩하시다! 만군의 여호와여! 그분의 영광이 온 땅에 가득하시다!"라고 외쳤어요.

그들이 외치는 소리에 기둥들이 흔들렸고, 성전은 연기로 가득 찼어요. 이사야는 하나님 앞에 있었어요! 그는 "아! 내게 재앙이 있겠구나! 내가 죽게 되었구나! 나는 입술이 더러운 사람인데, 입술이 더러운 사람들 사이에 내가 살고 있는데, 내 눈이 왕이신 만군의 하나님을 보았으니!"라고 말했어요.

스랍들 가운데 하나가 이사야에게 날아왔어요. 스랍은 제단에서 꺼낸 뜨거운 숯을 손에 들고 있었어요. 그는 숯을 이사야의 입에 대며 "이 숯이 너의 입술에 닿았으니 너의 악은 사라지고, 너의 죄는 사해졌다"라고 말했어요.

이사야는 하나님이 말씀하시는 음성을 들었어요. "내가 누구를 보낼까? 누가 우리를 위해 갈까?" 이사야는 "제가 여기 있습니다. 저를 보내십시오!"라고 말했어요. 하나님은 이사야에게 "가라"라고 말씀하셨어요.

하나님은 백성에게 전할 중요한 말씀을 이사야에게 주셨어요. "듣기는 들어도 너희는 깨닫지 못할 것이다. 보기는 보아도 너희는 깨닫지 못할 것이다. 이 백성의 마음을 둔하게 하고 귀를 어둡게 하고 눈을 감기게 하여라. 그들이 눈으로 보고 귀로 듣고 마음으로 깨닫고 돌아와 치료를 받을까 걱정이다."

이사야는 "하나님, 언제까지입니까?"라고 하나님께 물었어요. 하나님은 "성읍들이 황폐해져 아무도 살지 않을 때까지, 사람을 멀리 쫓아 보내 그 땅 가운데에 버려진 곳이 많을 때까지다"라고 말씀하셨어요.

하지만 하나님은 백성 중 일부를 남겨둘 것이라고 말씀하셨어요. 이 사람들은 아브라함의 자손들이었어요. 하나님은 이들을 통해 아브라함에게 주신 약속을 지키셨어요. 메시아를 그들의 자손으로 보내 모든 나라의 복이 되게 하셨어요.

●● 가스펠 링크

이사야는 환상을 통해 하나님의 영광을 보고 자신의 죄를 깨달았어요. 하나님은 이사야의 죄를 용서해 주셨어요. 우리도 이사야처럼 하나님이 얼마나 거룩한 분인지 알게 되면 우리의 죄가 얼마나 큰지 깨닫게 되어요. 하나님은 우리의 죄를 없애기 위해 아들이신 예수님을 보내셨어요. 우리의 구원은 오직 예수님 안에 있어요.

 환영

도착하는 아이들을 반갑게 맞이하고 헌금, 출석, QT 등을 확인하며 격려한다. 새 친구가 있다면 소개한다. 편안한 분위기에서 안부를 물으며 오늘의 말씀과 관련된 화제로 이야기를 나눈다. 아이들에게 놀라웠던 자연 풍경을 본 경험이 있는지 물어본다. 자발적으로 대화에 참여하도록 이끈다.

예) "자연에서 본 가장 놀라운 풍경은 어떤 것이었나요?", "그 광경을 보았을 때 기분이 어땠나요?" 등.

━━ 하나님이 만드신 자연은 정말 크고 아름다워요. 그런 자연을 보면서 우리는 하나님의 영광과 능력을 보게 되지요. 하지만 그 어떤 것도 이사야가 하나님의 심부름꾼으로 부름을 받을 때 봤던 광경과는 비교할 수 없을 거예요. 과연 이사야가 본 광경은 어떤 것이었는지 곧 알아보기로 해요.

마음 열기

가운 릴레이 *

[준비물] 가운 2벌

① 아이들을 2팀으로 나누고, 예배실의 한쪽 끝에 팀 별로 줄을 세운다.

② 반대쪽 끝에는 큰 치수의 성인용 가운을 둔다.

③ 아이들에게 한 명씩 차례로 뛰어가 가운을 입고 코끼리 코를 하고 제자리에서 3바퀴를 돈 뒤, 가운을 벗고 출발점으로 돌아와야 한다고 말해 준다.

④ 모든 사람이 먼저 돌아오는 팀이 이긴다.

━━ 이사야는 높은 보좌에 앉아 계신 하나님을 보았어요. 하나님이 입으신 옷은 너무도 크고 길어서 옷자락이 성전을 가득 채웠지요! 그다음에 어떤 일이 일어났을까요?

뜨거운 숯 게임*

[준비물] 검정색 공 또는 검정 종이 뭉치, 찬양 한 곡

① 아이들을 둥글게 앉히고, 찬양이 흐르는 동안 검정색 공을 옆으로 건네주라고 말한다.

② 인도자가 음악을 멈춘다. 음악이 멈출 때 공을 가지고 있는 어린이는 탈락한다고 알려 준다.

③ 마지막 한 사람이 남을 때까지 계속한다.

TIP 빠른 속도로 긴장감 있게 진행하는 것이 중요하다.

━━ 오늘 성경 이야기에서 스랍은 뜨거운 숯을 이사야의 입에 대었어요. 스랍은 하나님을 섬기는 천사들이에요. 스랍이 이사야의 입에 숯을 댄 것은 하나님이 그의 죄를 용서하셨다는 의미예요. 우리가 사용하는 것은 진짜 숯도 아니고 뜨겁지도 않지만, 옆 사람에게 숯을 건네면서 이사야가 하나님을 만난 장면을 상상해 보세요.

가스펠 설교

 들어가기

[준비물] 실험 가운, 종이 몇 장이 끼워진 클립보드

실험 가운을 입고 종이 몇 장이 끼워진 클립보드를 들고 들어온다.
여러분! 다시 실험실을 찾아 줘서 고마워요! 제 동료 과학자
에게 방금 흥미진진한 소식을 들었어요. 우리 박사님이 제
동료 과학자에게 아주 특별한 임무를 맡기셨대요. 그러고
보니 하나님이 특별한 일을 위해 부르신 이사야라는 사람이
생각나네요. 여러분, 이사야에 관한 이야기 들어 보실래요?
열광적인 반응을 유도한다. 좋아요! 그럼 출발!!

 연대표

연대표에서 지난 성경 이야기들을 간략하게 복습한다.

엘리야가 악한 아합을
꾸짖었어요

엘리야가 이세벨을
피해 도망쳤어요

하나님이 나아만을
고쳐 주셨어요

하나님이 이사야를
부르셨어요

지난 몇 주 동안 우리는 북 이스라엘의 왕들과 선지자들의
이야기를 배웠어요. 하나님의 백성은 죄 가운데 살고 있었
고, 하나님은 선지자들을 보내 그들에게 경고하셨지요. 지
난주에는 엘리야와 엘리사에 대해 배웠죠? 연대표에서 오늘의
성경 이야기를 가리킨다. 이번 주에는 이사야라는 선지자에 대해
배우게 될 거예요. 이사야는 남 유다 백성에게 하나님의 말
씀을 전한 선지자였어요.

 성경의 초점

우리는 지금 하나님의 말씀을 보면서 '성경의 초점'을 잘 기
억할 수 있도록 도와줄 증거들을 찾고 있어요. **하나님 외에
다른 신이 있나요? 오직 하나님 한 분만이 우리의 예배를 받
으실 참 신이세요.** 오늘 성경 이야기를 들으면서 이 대답을
뒷받침해 줄 증거들이 있는지 잘 살펴보세요.

 성경 이야기

이사야 6장을 펴고, 설교 영상(지도자용 팩)을 보여 주거나 이야기 성
경을 들려준다.

정말 놀라운 이야기군요! 하나님이 성전에 계시고, 천사들
이 둘러싼 광경이라니! 여러분, 상상할 수 있나요? **이사야가
영광 중에 계신 거룩하신 하나님을 보았어요.** 그리고 자기
자신의 죄를 깨닫게 되었지요. 하나님은 이사야의 죄를 용
서하셨어요. 하나님이 얼마나 거룩한 분인지 알게 되면 우
리가 큰 죄인이라는 사실을 깨닫게 되어요. 하나님은 우리
의 죄를 없애기 위해 아들이신 예수님을 보내셨어요. 우리
의 구원은 오직 예수님 안에만 있어요.

이사야의 죄를 생각한다면, 하나님이 이사야를 없애 버리셨
다고 해도 이상할 것이 없었어요. 하지만 하나님은 이사야
를 심판하시는 대신 이사야의 죄를 깨끗이 씻으시고 선지자
로 사용하셨어요!

하나님은 이사야를 통해 사람들에게 하나님이 그들의 불순
종을 벌하실 것이라고 경고하셨어요. 하나님은 또한 이사
야에게 하나님이 언젠가 구원자를 보내실 것이라는 말씀도
전하게 하셨어요.

죄인인 우리는 모두 하나님에게서 멀어졌어요. 성경은 죄
의 결과가 죽음이라고 말해요. 감사하게도 하나님은 예수
님을 보내셔서 우리가 받을 벌을 대신 받게 하셨어요. 예수
님을 믿고 의지할 때 하나님은 우리의 죄를 용서하세요. 우
리를 새로운 피조물로 만들어 주세요. 우리는 더 이상 하나
님 앞에서 두려워할 필요가 없어요. 예수님은 우리가 다시
는 하나님과 멀어지지 않도록 우리를 하나님께 데려가세요.
하나님은 우리를 통해서 하나님을 영화롭게 하세요. 이사
야를 통해 하나님을 영화롭게 하신 것처럼 말이에요. 이사

야가 앞으로 오실 메시아를 사람들에게 전했던 것처럼 우리
도 주변 사람들에게 예수님을 통해 구원을 받는다는 사실을
전할 수 있어요.

복 / 습 / 질 / 문

1 이사야는 언제 하나님을 보았나요?

웃시야왕이 죽던 해에 보았다 (사 6:1)

2 이사야는 왜 놀라고 두려워했나요?

자신이 죄인인 것을 깨달았기 때문이다 (사 6:5)

3 하나님이 이사야의 죄를 깨끗하게 하셨다는 것을 보여주기 위해 스
랍은 어떤 행동을 했나요?

제단에서 뜨거운 숯을 가져와 이사야의 입에 대었다 (사 6:6~7)

4 하나님은 이사야에게 무엇을 하라고 말씀하셨나요?

하나님의 말씀을 백성에게 전하라고 하셨다 (사 6:8~9)

5 이사야는 얼마나 오래 백성에게 외쳐야 했나요?

성읍들이 황폐하여 주민이 없으며 가옥에는 사람이 없고 토지가 황
폐하게 될 때까지 (사 6:11~12)

6 **하나님 외에 다른 신이 있나요?**

오직 하나님 한 분만이 우리의 예배를 받으실 참 신이세요

 ## 복음 초청

성경과 121쪽 복음 초청 가이드를 이용해서 아이들에게 그리스도인
이 되는 법을 설명해 준다. 따로 상담해 줄 사람을 정해 주고 궁금한
점이 있으면 물어보도록 격려한다.

이 시간 예수님을 마음에 모시고 싶은 친구는 함께 기도해요.

 ## 기도

오늘 성경 이야기를 통해 거룩하신 하나님이 이사야를 찾아
오셔서 그의 죄를 깨끗하게 하신 것을 배웠습니다. 예수님
을 보내 용서받을 자격이 없는 우리의 죄를 깨끗하게 씻어
주셔서 감사합니다. 우리의 예배를 받으실 참 하나님을 찬
양합니다. 유일하신 하나님만을 예배할 수 있도록 함께해 주
세요. 예수님의 이름으로 기도합니다. 아멘.

 ## 적용

TIP 설교 도입이나 적용으로 활용하거나 영상을 본 뒤 소그룹으로 나누어 풍성한
대화를 이어 갈 수 있습니다.

어디에 갈 준비가 전혀 안 됐다고 느꼈던 적이 있나요? 어떤
일을 하기에 자신이 너무 부족하다고 느꼈던 적은 없나요?
그런 생각을 하면서 다음 영상을 함께 보아요.

적용 예화 영상(지도자용 팩)을 보여 준다.

제이컵은 왜 파티에 갈 준비가 되지 않았나요? 파티에 가려
면 어떤 준비를 해야 했나요? 여러분은 하나님 앞에 나아갈
준비가 되었다고 생각하나요?

이사야는 자신의 죄 때문에 하나님 앞에 있는 것이 두려웠
어요. 우리도 가끔 우리 죄가 너무 커서 하나님이 용서해 주
시지 않을 것이라 생각할 때가 있어요. 하지만 그것은 사실
이 아니에요. 우리가 예수님을 믿고 의지할 때, 우리 죄가 아
무리 큰 것처럼 보여도 우리가 그 죄를 고백하고 돌아선다
면 하나님은 우리를 깨끗하게 하시고 우리를 하나님의 자녀
로 삼아 주세요.

가스펠 소그룹

 ## 나침반

이사야처럼 외쳐요!

[준비물] 학생용 교재 24쪽, 연필

① 같은 색깔의 기호와 단어를 연결하여 히브리서 1장 1~2 상반절 말씀을 완성해 보게 한다.

② 선은 겹치면 안 되고, 모든 칸을 이용해서 선을 연결해야 한다.

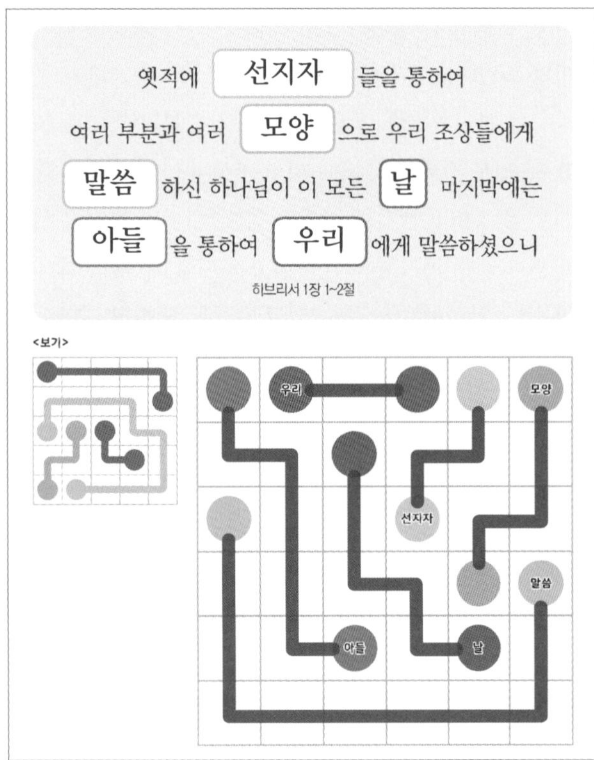

───── 히브리서를 보면 하나님이 선지자들을 통해 말씀하신 모든 일이 이루어졌음을 알 수 있어요. 예수님이 오셔서 하나님의 모든 말씀을 이루셨어요. 오래전 하나님은 선지자들을 통해 말씀하셨어요. 하지만 이제는 하나님의 아들 예수님을 통해 우리에게 말씀하세요. 성경은 예수님을 말씀이라고 해요. 예수님은 하나님이 우리에게 보내 주신 말씀이에요. 하나님은 예수님을 통해 우리를 향한 하나님의 큰 사랑을 보여 주셨어요.

 ## 보물 지도

이야기를 만들어요! *

[준비물] 성경

① 아이들을 3팀으로 나누고, 각 팀에게 '스랍', '이사야', '하나님'으로 이름을 붙인다.

② 성경에서 이사야 6장을 함께 읽어 나가다가, 각 팀이 맡은 역할의 대사가 있는 부분에서 멈추라고 말한다.

③ 각 팀에게 자기 팀의 대사를 한 목소리로 읽으라고 말한다. 아래의 축약된 대사를 사용해도 좋다.

축약된 대사

· 스랍 : "거룩하시다, 거룩하시다, 거룩하시다, 여호와시여!"

· 이사야 : "화로다 나여! 나는 죄가 많은 자로다."

· 스랍 : "네 죄가 용서받았다."

· 하나님 : "내가 누구를 보낼까?"

· 이사야 : "제가 여기 있습니다. 저를 보내십시오!"

· 하나님 : "가라!"

───── 이사야가 영광 중에 계신 거룩하신 하나님을 보았어요. 처음에 이사야는 두려움에 떨었어요! 하나님이 계신 곳이 너무나 거룩해서 자신의 죄가 더 잘 보였기 때문이에요. 하지만 하나님은 이사야를 선택하셨어요! 한 스랍이 뜨거운 숯을 이사야의 입에 대어 하나님이 이사야를 용서하셨다는 것을 보여 주었어요.

 ## 탐험하기

하나님은 거룩해요

[준비물] 학생용 교재 25쪽, 연필

① 미로를 통과하며 찾은 단어를 알맞게 조합하여 문장을 완성하게 한다.

② 완성한 문장을 읽고, 거룩하신 하나님에 대해 생각해 보게 한다.

───── 이사야처럼 우리도 죄인인 상태로 하나님이 계신 곳에 갈 수 없어요. 하나님은 거룩하시기 때문이에요. 우리는 죄인이기 때문에 하나님에게서 멀리 떨어져 있어요. 그래서 우리에게 예수님이 필요해요. 죄 없으신 예수님은 죽은 자들 가운데서 부활하셨고, 우리가 하나님과 함께할 수 있는 길을 열어 주셨어요.

이사야가 영광 중에 계신
거룩하신 하나님을 보았어요   .

흩어져 복음을 전해요 *

[준비물] 아이들의 이름이 적힌 종이, 제비뽑기 통

① 아이들이 사방으로 흩어져 있고 인도자가 제비뽑기로 한 아이의
   이름을 부른다.

② 이름이 불린 아이는 "제가 여기 있습니다!"라고 대답하고, 나머지
   아이들은 "하나님이 너를 사랑하셔!"라고 말하라고 한다.

③ 모든 아이의 이름이 불리고 하나님이 사랑하신다는 말을 들을 때
   끼지 게임을 반복한다.

　　　　제가 여러분의 이름을 불렀을 때, 여러분은 친구에게
하나님의 말씀을 전했어요. 하나님은 이사야를 선지자로 부
르셨고, 이사야는 하나님의 백성에게 하나님의 말씀을 전했
어요. 하나님은 그의 백성을 멀리 쫓아 내실 것이지만, 언젠
가 다시 고향으로 돌아오게 하실 거예요.

하나님의 거룩하심을 노래해요 *

[준비물] '거룩'이라는 단어가 들어간 찬양 한 곡, 종이, 크레파스

① 단어 '거룩'의 의미를 알려 주고, 관련된 동작을 만들어 보라고 한
   다. 또는 종이에 크레파스로 '거룩'이라는 단어를 쓰고 꾸며 보라

고 한다.

② 찬양을 듣다가 '거룩'이라는 가사가 들리면, 아이들에게 만든 동작
   을 하거나 '거룩'이라고 쓴 종이를 들라고 한다.

 찬양곡을 듣고, '거룩'이라는 단어가 몇 번 나왔는지 세어 보게 하는 것도 좋다.

　　　　'거룩하다'라는 단어는 '구별하다', '매우 높고 위대하
다'라는 의미예요. 오늘 성경 이야기에서 하나님은 이사야를
찾아오셨어요. 거룩하신 하나님을 만난 이사야는 자기가 큰
죄인이라는 것을 깨달았어요. 하지만 하나님은 이사야를 용
서하셨어요.

🧰 보물 상자

나만의 기록장

[준비물] 학생용 교재 26쪽, 연필

① 하나님은 백성에게 전할 중요한 말씀을 이사야에게 주셨고, 하나
   님이 그를 보내셔서 그 이야기를 전하게 하셨다는 것을 말해 준다.

② 하나님은 우리를 어디로 보내셔서 하나님의 말씀을 전하게 하실
   지 그림을 그리거나 글로 표현해 보라고 한다.

③ 하나님이 자신을 크게 사용하시도록 기도한다.

하나님은 이사야에게 아무 이유 없이 죄를 용서하신 것이
아니었어요. 하나님은 하나님의 말씀을 전하는 심부름꾼인
선지자로 세우기 위해 이사야의 죄를 용서하셨어요. 마찬가
지로 하나님이 예수님을 통해 우리의 죄를 용서하시는 것은
우리가 복음을 온 세상에 전할 수 있도록 하시려는 거예요.

메시지 카드

이번 주 메시지 카드로 부모님과 함께 오늘 배운 성경 이야기를 나
누어 보라고 한다.

기도

사랑의 하나님, 이사야에게 먼저 찾아와 그의 죄를 용서해
주셔서 감사합니다. 우리도 이사야처럼 복음을 전하게 도
와주세요. 믿지 않는 친구들이나 가족들이 예수님을 믿게
해 주세요. 또 세계 곳곳에서 복음을 전하는 선교사님들에
게 힘을 더해 주세요. 예수님의 이름으로 기도합니다. 아멘.

5

이사야가 메시아에 대해 외쳤어요

사 53장

이사야서에는 '하나님의 종이 부르는 노래'라는 시가 네 편 실려 있습니다(사 42:1~4, 49:1~6, 50:4~9, 52:12~53:13 참고). 이사야 선지자는 이 시들에서 하나님의 구속 계획을 기술했습니다. 이를 통해 우리는 약속의 메시아의 모습을 보게 됩니다. 죄가 없으신 그분은 죄인들을 위해 고난을 받으실 대속물입니다. 하나님은 예수님을 통해 죄인들이 다시 하나님께 돌아오게 하십니다.

마지막 종의 노래는 이사야 53장에 나옵니다. 여기서 이사야는 다음의 질문에 대한 답을 줍니다. "공의의 하나님이 어떻게 경건하지 못한 자를 의롭다고 하시는가? 하나님이 어떻게 죄 있는 자를 죄 없다고 하시는가? 하나님이 어떻게 나쁜 사람을 선한 사람처럼 대하시는가? 하나님이 어떻게 우리 같은 사람을 사랑하시는가?"

공의의 하나님은 죄를 모른 척하실 수 없습니다. 하나님은 그저 "걱정하지 마"라거나 "별거 아니야"라고 말씀하시지 않습니다. 그것은 값싼 은혜입니다. 하나님께 죄를 짓는 것은 큰일입니다. 하나님은 우리 죄를 그냥 용서하시지 않았습니다. 그 대가를 톡톡히 치르셨습니다. 그 대가는 하나님의 아들이었습니다. 하나님의 은혜는 아주 값비싼 은혜입니다.

예수님은 이사야가 말한 고난받는 종의 예언을 성취하셨습니다. 사람들은 고난받는 종이 하나님의 저주를 받은 것이며, 자신의 죄 때문에 고난받는다고 여겼습니다. 하지만 예수님은 죄가 없으셨습니다. 그렇다면 예수님은 왜 고난받으셨을까요?

이사야는 예수님이 찔리신 것은 우리의 허물 때문이고, 그분이 상하신 것은 우리의 죄악 때문이라고 했습니다. 예수님이 징계를 받으셨기 때문에 우리가 평화를 누리는 것입니다. 우리가 예수님을 믿고 의지할 때 우리 죄는 사라집니다. 예수님의 피로 죗값을 지불했기 때문입니다. 그리고 예수님의 의가 우리의 것이 됩니다.

예수님이 십자가에서 모든 일을 마치셨을 때 하나님은 그분께 상을 주셨습니다. "이러므로 하나님이 그를 지극히 높여 모든 이름 위에 뛰어난 이름을 주사 하늘에 있는 자들과 땅에 있는 자들과 땅 아래에 있는 자들로 모든 무릎을 예수의 이름에 꿇게 하시고 모든 입으로 예수 그리스도를 주라 시인하여 하나님 아버지께 영광을 돌리게 하셨느니라"(빌 2:9~11).

●●● 티칭 포인트

아이들에게 하나님은 이사야를 통해 메시아에 대해 예언하셨고, 예수님을 통해 예언을 성취하셨다는 것을 알려 주십시오. 예수님이 찔리신 것은 우리의 허물 때문이고, 그분이 상하신 것은 우리의 죄악 때문입니다. 우리가 예수님을 믿고 의지할 때 우리 죄는 사라집니다. 이미 예수님이 우리의 죗값을 치르셨습니다. 예수님은 고난받는 종의 모습으로 우리를 섬기러 이 땅에 오셨습니다.

주제

하나님은 이사야를 통해 메시아가 고난받는 종이 될 것이라고 말씀하셨어요.

가스펠 링크

예수님은 자기를 믿는 사람들을 용서받게 하시려고 이 땅에 오신 하나님의 종이에요.

이사야가 메시아에 대해 외쳤어요 사 53장

하나님이 아브라함에게 약속하신 후 오랜 세월이 지났어요. 어떤 사람들은 더 이상 하나님의 약속을 믿지 않았지요. 이사야 선지자는 백성에게 하나님의 계획을 이야기해 주었어요. 그것은 이스라엘의 구원자가 될 메시아가 올 것이라는 소식이었어요.

이사야는 메시아가 고난받는 종이며, 사람들을 죄에서 구하기 위한 희생 제물이 될 것이라고 말했어요. 이사야는 앞으로 일어날 일을 마치 이미 일어난 일처럼 이야기했어요. 하나님의 계획은 사람들의 기대와는 완전히 달랐어요.

이사야가 말했어요. "하나님의 종은 하나님 앞에서 자랐습니다. 하지만 그는 특별하지도, 눈에 띄지도 않았고, 심지어 사람들은 그를 싫어했습니다. 그는 사람들에게 멸시를 당하고 버림을 받았을 뿐 아니라 고난을 겪었고 아픔과 상처가 어떤 것인지 알고 있었습니다. 사람들이 그를 보고서 얼굴을 가릴 만큼 그는 멸시를 당했으므로 우리마저도 그를 무시해 버렸습니다."

그렇지만 하나님의 종은 하나님이 맡기신 일을 그만두지 않았어요. "사실 그가 짊어진 병은 우리의 병이었고 그가 짊어진 아픔은 우리의 아픔이었습니다. 그런데도 우리는 그가 맞을 짓을 해서 하나님께서 그를 때리시고 고난을 주신다고 생각했습니다. 그러나 사실은 우리의 허물이 그를 찔렀고 우리의 악함이 그를 짓뭉갰습니다. 그가 책망을 받아서 우리가 평화를 누리고 그가 매를 맞아서 우리의 병이 나은 것입니다. 우리는 모두 양처럼 길을 잃고 제각각 자기 길로 흩어져 가 버렸지만, 여호와께서는 우리 모두의 죄악을 그에게 지우시고 그를 공격하셨습니다." 이사야는 메시아가 매를 맞고 죄인 취급을 받았지만, 입을 열지도 않고 아무 말도 하지 않았다고 했어요. 그는 불공평한 재판을 받은 뒤 끌려가 죽임을 당했다고 말했어요.

사람들은 하나님의 종이 그런 대접을 받아 마땅하다고 생각했어요. 메시아가 받은 벌은 원래 사람들이 받아야 하는 것이었어요. 하나님의 종은 잘못을 저지른 적이 없었어요. 누구를 해치거나 거짓말을 한 적도 없었어요. 그런데도 범죄자처럼 벌을 받은 거예요.

이사야가 말했어요. "하나님께서 원하신 일이 그의 손에서 이뤄지고 있습니다. 그는 고난에서 벗어나서 그가 알고 있었던 자신의 사명을 제대로 이뤄 냈음을 보고 만족할 것입니다. 하나님의 종이 많은 사람을 의롭게 할 것입니다. 그는 많은 사람의 죄악을 스스로 짊어질 것입니다." 그리고 하나님은 메시아가 하나님의 뜻을 잘 이루었다는 것을 보여 주셨어요. 메시아의 죽음은 끝이 아니었어요. 하나님이 그를 다시 살리셨지요.

이사야는 메시아가 고난을 받은 결과로 일어난 모든 좋은 일들을 보고, 고난받은 것을 기뻐할 것이라고 말했어요. "하나님은 그에게 많은 사람을 몫으로 나눠 주고 강한 사람들을 전리품으로 나눠 줄 것입니다. 그가 자기 목숨을 죽음으로 내던지고 죄지은 사람들 가운데 하나로 여겨졌으며 많은 사람의 죄를 대신 지고 죄지은 사람들이 용서를 받도록 중재를 했기 때문입니다."

●●● 가스펠 링크

예수님이 우리의 죄 때문에 십자가에서 죽으신 것은 모두 하나님의 계획대로 이루어진 일이에요. 예수님이 태어나기 700년 전부터, 이사야 선지자는 이런 일이 일어날 것을 기록했어요. 예수님은 자기를 믿는 사람들을 용서받게 하시려고 이 땅에 오신 하나님의 종이에요.

 환영

도착하는 아이들을 반갑게 맞이하고 헌금, 출석, QT 등을 확인하며 격려한다. 새 친구가 있다면 소개한다. 편안한 분위기에서 안부를 물으며 오늘의 말씀과 관련된 화제로 이야기를 나눈다. 아이들에게 고난 받은 적이 있는지 물어본다. 무엇 때문에 고난을 받았으며, 그 고난이 이제 끝났는지도 물어본다. 그리고 힘든 시기를 어떻게 이겨냈는지 물어본다. 자발적으로 대화에 참여하도록 이끈다. (주의할 점: 아이들의 개인적인 경험은 조심스럽게 다루어야 한다. 따돌림이나 물리적, 감정적 학대에 관해 이야기를 하는 아이가 있다면 개인적인 후속 조치들을 취해야 한다. 아동 학대에 관련한 법규를 숙지한다.)

예) "고난은 무엇인가요?", "고난이라는 단어를 들을 때 생각나는 장면이 있나요?" 등.

—— 성경에는 고난 또는 고통이라는 단어가 자주 나와요. 오늘 우리는 이사야가 쓴 '고난받은 한 사람'에 대해 배우게 될 거예요. 이 사람이 받은 고난이 너무 커서 하나님은 그를 고난받는 종이라고 부르셨어요. 잠시 후에 자세히 배워 보기로 해요.

 마음 열기

너무 무거워요! *

[준비물] 의자, 책상 또는 의자, 스파게티 면, 마시멜로, 블록

① 3~4명이 한 팀이 되도록 팀을 나눈다.

② 마른 스파게티 면과 마시멜로를 각 팀에 나누어 준다.

③ 스파게티 면과 마시멜로를 가지고 책상과 책상 또는 의자와 의자를 연결하는 다리를 만들어 보라고 한다.

④ 모든 팀이 다리를 다 만들고 나면, 블록을 위에 얹어 어느 팀의 다리가 가장 튼튼한지 확인해 본다.

—— 하나님은 이사야에게 고난받는 종이 온 세상의 죄를 짊어질 것이라고 말씀하셨어요. 너무 무거운 것을 올려놓자 다리가 무너진 것처럼, 이 고난받는 종도 죄의 무게에 짓눌려 온몸이 부서져 버릴 거예요. 과연 이야기가 그렇게 끝날까요? 이제 함께 알아보기로 해요.

잃어버린 양 *

① 술래를 한 명 정하고, 눈을 감고 30까지 숫자를 세라고 말해 준다.

② 술래가 숫자를 세는 동안 다른 아이들에게 숨으라고 한다.

③ 술래는 숨은 아이들을 찾아 예배실 한가운데로 데려 오라고 한다.

④ 술래가 찾아 데려온 아이는 소리 없이 10까지 센 다음 다시 도망갈 수 있다고 말해 준다.

⑤ 술래는 2분 안에 모든 아이들을 찾아야 한다고 말해 준다.

⑥ 도망간 아이가 숨기 전에 술래가 다시 잡으면 그 아이는 가운데로 돌아가 다시 10까지 세어야 한다고 말해 준다.

—— 이사야는 사람들이 양처럼 하나님을 떠나 길을 잃고 헤맨다고 말했어요. 하나님은 고난받는 종을 보내셔서 잃어버린 양들을 다시 하나님께로 모으세요. 고난받는 종은 누구일까요?

가스펠 설교

 들어가기

[준비물] 실험 가운, 종이 몇 장이 끼워진 클립보드

실험 가운을 입고 종이 몇 장이 끼워진 클립보드를 들고 들어온다. 여러분! 지난주 특별한 임무를 맡게 된 제 친구 기억하시나요? 음, 그 친구가 연구를 마치고 오늘 드디어 논문을 출간했어요! 제 친구가 연구를 통해 알게 된 모든 것들을 누구나 알 수 있도록 책으로 썼다는 말이에요.

그러고 보니 이사야가 생각나는군요. 이사야도 하나님이 보여 주신 일들을 글로 썼어요. 하나님은 메시아에 대한 놀라운 소식을 알려 주셨어요. 그리고 이사야가 그 소식을 글로 썼기 때문에 우리도 그 글을 읽고 알 수 있게 되었지요! 어떤 내용인지 알고 싶나요?

 연대표

이사야가 메시아에 대해 외쳤어요

기억하나요? 우리는 그동안 하나님의 선지자들과 그들이 전한 하나님의 말씀에 대해 배웠어요. 첫 주에는 **유일하신 참 하나님이 바알의 선지자들 앞에서 자신을 나타내신** 이야기를 배웠고, 둘째 주에는 **하나님이 엘리야에게 부드럽고 조용한 목소리로 자신을 드러내신** 이야기를 배웠어요. 그다음에는 **하나님이 엘리사를 통해 나아만의 병을 고치신** 이야기를 배웠지요. 지난주에는 **이사야가 영광 중에 계신 거룩**

하신 하나님을 본 이야기를 배웠어요. 이 이야기들을 보면 하나님이 하나님의 백성에게 자신을 드러내시는 것을 알 수 있어요. 하나님은 사람들이 하나님이 어떤 분이신지 알 수 있도록 도우세요.

 성경의 초점

이야기를 하다 보니 '성경의 초점'이 생각나네요. 혹시 기억하는 사람 있나요? 아이들의 대답을 기다린다. **하나님 외에 다른 신이 있나요? 오직 하나님 한 분만이 우리의 예배를 받으실 참 신이세요.** '성경의 초점'을 기억하면서, 오늘의 성경 이야기 "이사야가 메시아에 대해 외쳤어요"를 함께 보아요.

 성경 이야기

이사야 53장을 펴고, 설교 영상(지도자용 팩)을 보여 주거나 이야기 성경을 들려준다.

이사야가 백성에게 전한 말은 하나님이 그들에게 하시는 말씀이었어요. 이사야는 메시아에 관한 하나님의 말씀을 무려 예수님이 태어나시기 700년 전에 썼어요! 하나님은 모든 사람이 알기를 바라셨어요. 하나님이 여전히 일하고 계신다는 것과 구원자를 보내겠다는 하나님의 약속을 믿어도 된다는 것을요. 이사야는 메시아가 오실 때까지 얼마나 오랜 시간이 걸릴지 몰랐지만, 그래도 하나님을 믿었어요. 이사야는 **오직 하나님 한 분만이 우리의 예배를 받으실 참 신이시라는 것**을 잘 알았어요.

하나님은 예수님이 우리 죄 때문에 십자가에서 죽으실 것을 미리 계획하셨어요. 그리고 이사야는 예수님이 태어나기 700년 전에 이 일을 써 두었어요! 예수님은 예수님을 믿고 의지하는 자들을 용서하시기 위해 고난을 받으신 하나님의 종이에요.

예수님이 십자가에서 죽으셨을 때, 하나님의 말씀이 참이라는 것이 밝혀졌어요. 예수님은 하나님의 종이었고, 우리를 구원하시기 위해 십자가에서 고난을 받으셨어요. **하나님은 메시아가 고난받는 종이 될 것이라고 말씀하셨어요.** 예수님이 받으신 고난은 사실 우리가 받아야 하는 것이었어요. 하지만 하나님은 우리를 너무 사랑하셔서 그 고난을 받지 않게 해 주셨지요. 예수님은 우리를 위해 죽으셨고, 다시 살아나셨어요. 예수님은 죄와 죽음을 완전히 이기셨어요. 그리고 하나님의 백성을 위해 다시 오시겠다고 약속하셨어요. 우리는 예수님의 약속을 믿을 수 있어요. 이사야가 오래전에 하나님의 약속을 믿었던 것처럼 말이에요.

복 / 습 / 질 / 문

1 이사야는 하나님의 종이 사람들의 눈에 어떻게 보일 것이라고 말했나요?

고운 모양도 없고 풍채도 없어, 사람들이 보기에 흠모할 만한 아름다운 것이 없다고 말했다 (사 53:2)

2 이사야는 사람들을 어떤 모습으로 묘사했나요?

길을 잃고 각기 제 길로 가는 양들로 묘사했다 (사 53:6)

3 하나님의 종은 자신의 고난에 대해 저항하거나 불평했나요?

아니다, 괴로워도 입을 열지 않았다 (사 53:7)

4 하나님의 종은 왜 고난을 받았나요?

많은 사람을 의롭게 하며 사람들의 죄악을 친히 담당하기 위해서다 (사 53:11)

5 하나님 외에 다른 신이 있나요?

오직 하나님 한 분만이 우리의 예배를 받으실 참 신이세요

 ## 복음 초청

성경과 121쪽 복음 초청 가이드를 이용해서 아이들에게 그리스도인이 되는 법을 설명해 준다. 때로 상담해 줄 사람을 정해 주고 궁금한 점이 있으면 물어보도록 격려한다.

이 시간 예수님을 마음에 모시고 싶은 친구는 함께 기도해요.

 ## 기도

하나님, 이사야를 통해 말씀하신 예언을 그대로 이루신 하나님을 찬양합니다. 하나님은 유일하신 하나님이시며 우리의 예배를 받으실 분입니다. 우리가 더욱 하나님을 믿고 의지할 수 있도록 도와주세요. 예수님의 이름으로 기도합니다. 아멘.

 ## 적용

TIP 설교 도입이나 적용으로 활용하거나 영상을 본 뒤 소그룹으로 나누어 풍성한 대화를 이어 갈 수 있습니다.

계획을 세워 본 적 있나요? 계획한 대로 항상 이루어졌나요? 계획대로 되지 않을 때 기분이 어땠나요? 그런 생각을 하면서 다음 영상을 함께 보기로 해요.

적용 예화 영상(지도자용 팩)을 보여 준다.

계획이 어그러졌을 때 기분이 어땠는지 물어본다. 미래의 계획이나 목표가 있으면 이야기해 보라고 한다. 계획대로 되지 않아 실망하는 일을 피하려면 어떻게 해야 할지 물어본다. 어떻게 하면 우리의 계획이 하나님의 계획과 일치할 수 있을지 이야기를 나누어 본다.

하나님은 언제나 모든 것을 다스리세요. 하나님의 계획은 아무도 막을 수 없다는 것을 예수님의 삶과, 죽음, 그리고 부활을 통해 알게 되었어요. 하나님은 그 일들이 일어나기 오래전에 이사야를 통해 하나님의 계획을 말씀하셨어요. 그리고 그 계획을 이루셨어요.

우리는 앞으로 일어날 일을 조종할 수 없어요. 하지만 모든 일을 다스리시는 하나님을 믿고 의지할 수는 있지요. 우리가 예수님을 믿고 의지할 때, 하나님은 우리의 마음과 계획이 하나님의 마음과 계획과 같아지도록 도와주세요. 우리가 하나님의 계획과 같은 계획을 세운다면, 하나님이 그 계획을 이루어 주실 것이라고 확실히 믿을 수 있겠지요?

 가스펠 소그룹 10~20분

 나침반

말씀 전달하기

[준비물] 탱탱볼, 시트지, 매직

① 암송 구절을 시트지에 적어, 공에 붙여 둔다.

② 아이들을 둥글게 앉히고, 인도자가 공을 들고 암송 구절의 첫 어절을 읽은 뒤 한 아이에게 공을 건넨다.

③ 공을 받은 아이는 다음 어절을 찾아 말하고 다른 아이에게 공을 넘기라고 한다.

④ 암송 구절 전체를 다 말할 때까지 계속한다.

⑤ 시간이 남으면 여러 번 반복한다.

—— 히브리서 1장 1~2 상반절은 사람들이 하나님의 아들을 맞이할 준비를 할 수 있도록 하나님이 이사야와 같은 선지자들을 사용했다고 말해요. 하지만 이제 우리는 선지자 대신 하나님의 이야기인 성경을 통해 예수님을 배워요.

보물 지도

이사야의 예언

[준비물] 학생용 교재 30쪽, 연필, 성경

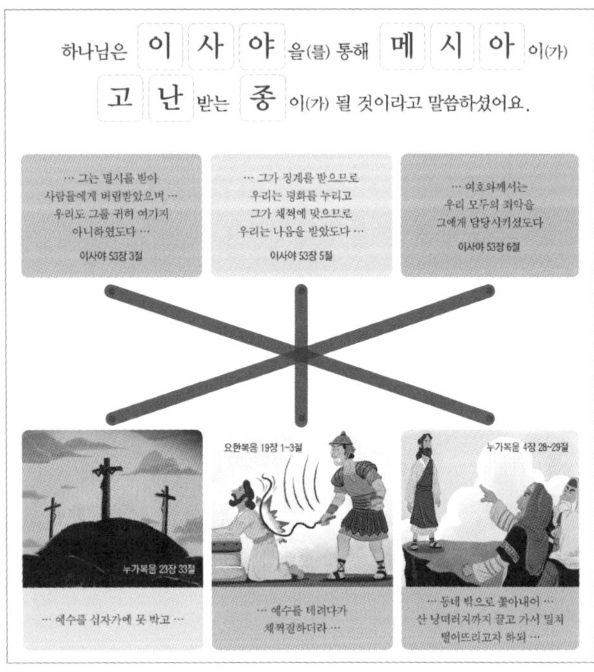

① 빈칸을 채워 하나님이 이사야에게 하신 말씀을 완성하게 한다.

② 구약에서 이사야가 예언한 내용을 예수님이 어떻게 이루셨는지 알맞게 연결하게 한다.

—— 하나님은 이사야에게 많은 것을 보여 주셨어요. 이사야는 그것들을 기록해 오늘날 우리가 읽을 수 있도록 했지요. 어쩌면 이사야도 메시아가 정확하게 어떤 분인지 몰랐을 수도 있어요. 하지만 하나님은 이사야에게 메시아가 오시는 이유를 알려 주셨어요. **하나님은 메시아가 고난받는 종이 될 것이라고 말씀하셨어요.** 고난받는 종을 표현한 것을 읽어 보면 예수님의 모습과 일치해요. 예수님은 죄에 대한 벌을 받기 위해 십자가에서 고난받고 죽으셨어요. 그리고 하나님은 예수님을 죽은 자들 가운데서 다시 살리시고 그 이름을 높이셨지요. **오직 하나님 한 분만이 우리의 예배를 받으실 참 신이세요.**

 탐험하기

예수님은 어떤 모습일까?

[준비물] 학생용 교재 31쪽, 연필

예시

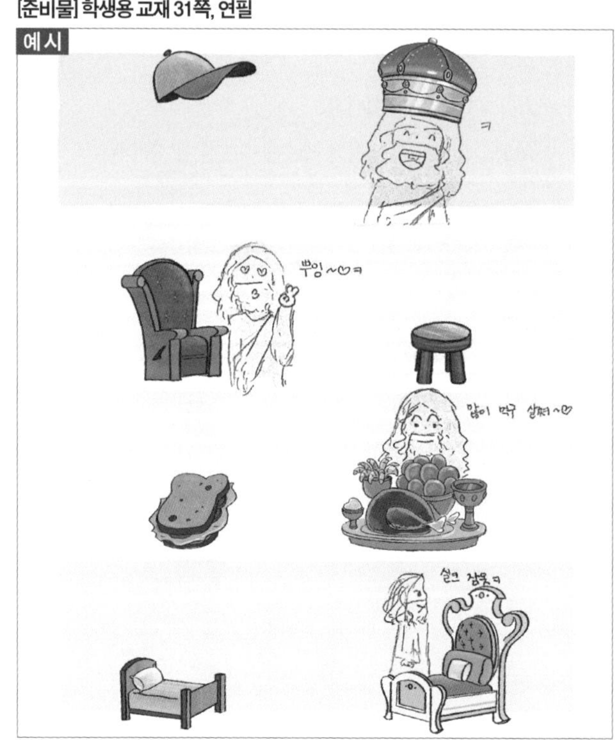

① 각 그림에서 예수님에게 잘 어울릴 것 같은 물건을 골라 보라고 한다.

② 선택한 물건에 각각 예수님의 모습을 그려 보게 한다.

③ 예수님은 고난을 자처하신 겸손한 왕이심을 일깨워 준다.

 이사야는 이 땅에 오실 하나님의 종에 대해 이야기했어요. 이 종은 비범하거나 특별해 보이지 않을 거예요. 고난을 겪다가 결국 온 세상의 죄를 짊어지고 벌을 받게 될 거예요. 그 후 하나님은 그를 높여 왕으로 삼으실 거예요. 이 고난받는 종은 누구일까요? 바로 예수님이에요. 왕이신 예수님이 종의 모습으로 오셨어요.

섬김 릴레이 *

[준비물] 플라스틱 컵 10개, 쟁반 2개, 의자

① 아이들을 2팀으로 나누고, 각 팀을 한 줄로 세운다.

② 각 팀의 맞은편에 의자를 하나씩 두고, 각 팀의 맨 앞에 선 아이에게 플라스틱 컵 5개를 올린 쟁반을 하나씩 준다.

③ 인도자가 "출발!"이라고 외치면, 쟁반을 들고 맞은편으로 달려가 의자를 돌아 출발 지점으로 돌아오라고 한다.

④ 달리다가 컵이 넘어지면 멈추어 컵을 바로 세운 뒤 다시 달리게 한다.

⑤ 쟁반을 다음 주자에게 주면 다음 주자도 같은 방식으로 경기를 이어가게 한다.

⑥ 모든 주자가 먼저 돌아온 팀이 승리한다.

 하나님은 메시아가 고난받는 종이 될 것이라고 말씀하셨어요. 우리는 보통 종이라고 하면 집안일을 돌보거나, 왕 같이 중요한 사람에게 먹을 것을 가져다주는 하인을 떠올려요. 하지만 예수님은 이와는 다른 종류의 종이었어요. 예수님은 제자들의 발을 씻기셨어요. 사람들을 고치시고, 먹을 것도 주셨어요. 하지만 예수님이 종으로서 하신 가장 큰 섬김은 우리를 죄에서 구하기 위해 십자가에서 죽으시고 다시 살아나신 일이에요. 예수님은 우리가 하나님과 영원히 함께 살 수 있도록 고난받고 죽으셨어요.

메시아 모빌 만들기 *

[준비물] 철사 옷걸이, 색종이, 색연필, 끈, 가위, 풀

① 아이들에게 옷걸이와 색종이를 나누어 주고 예수님을 상징하는 여러 가지 모양들을 그리고 오려 보라고 한다.

예) 십자가, 목자의 지팡이, 물고기, 빈 무덤, 왕관 등.

② 끈을 다양한 길이로 자른 다음, 여러 모양의 색종이를 줄의 한쪽

끝에 붙이고, 나머지 끝을 옷걸이에 묶어 모빌을 완성하라고 한다.

 하나님은 이사야를 통해 하나님이 세상에 구원자를 보내실 것과 구원자가 세상을 위해 어떤 일을 할 것인지를 말씀하셨어요. 우리도 이 모빌을 볼 때마다 예수님이 우리를 죄에서 구하셨다는 사실을 기억할 수 있어요! 예수님은 우리가 용서받을 수 있도록 우리 대신 죗값을 치르시고, 우리를 새롭게 만드신 하나님의 고난받는 종이에요.

 **보물 상자**

나만의 기록장

[준비물] 학생용 교재 32쪽, 연필, 색연필

① 아이들에게 주변에 고통받는 사람들이 있는지 물어본다.

② 고통받는 사람들을 어떻게 도와줄 수 있을지 그 방법을 글로 적어 보라고 한다.

③ 예수님은 우리가 하나님에게서 영원히 멀어지는 고통을 겪지 않게 하시려고 우리를 대신해 고난을 받으셨다고 말해 준다.

 예수님은 우리 죄 때문에 이 세상에 오셨고 십자가에서 죽으셨어요. 하지만 우리에게는 아직도 많은 문제와 고통이 있어요. 예수님은 다시 오셔서 모든 것을 새롭게 하시겠다고 약속하셨어요. 우리도 예수님처럼 기쁨으로 순종할 수 있어요. 우리가 예수님을 사랑하고 따른다면 우리의 고통은 잠깐이라는 것을 알기 때문이에요. 예수님을 따르는 사람들은 영원히 하나님과 함께하게 될 거예요!

메시지 카드

이번 주 메시지 카드로 부모님과 함께 오늘 배운 성경 이야기를 나누어 보라고 한다.

기도

하나님, 이사야 선지자를 통해 예수님이 메시아이신 것을 알았습니다. 약속을 성취하신 하나님을 찬양합니다. 예수님을 보내 우리가 받아야 할 고난을 대신 받게 하시고, 우리를 죄에서 구원해 주셔서 감사합니다. 예수님의 사랑을 기억하며 다른 사람들을 섬길 수 있는 우리가 되도록 인도해 주세요. 예수님의 이름으로 기도합니다. 아멘.

6

히스기야는 남 유다의 신실한 왕이었어요

왕하 18~19장

'부전자전'이란 아들이 아버지의 외모나 행동을 닮았을 때 쓰는 말입니다. 하지만 히스기야는 그의 아버지 아하스와는 전혀 딴판이었습니다. 그는 역대 왕들과 달리 신실한 왕이었습니다.

남 유다의 왕 아하스는 하나님도, 하나님의 법도, 선지자도 귀하게 생각하지 않았습니다. 그리고 우상을 숭배했습니다. 아하스는 하나님이 보시기에 정직하게 행하지 않았습니다(왕하 16:2 참조). 그는 하나님의 백성이 하나님에게서 멀어지게 했고, 하나님의 분노와 화를 불러왔습니다.

반면, 히스기야는 그의 조상 다윗의 모든 행실과 같이 하나님이 보시기에 정직하게 행했습니다. 성전 안에 있는 우상을 모두 없애고 성전을 정결하게 했습니다(대하 29장 참조).

히스기야는 남 유다 백성이 하나님이 명하신 방법대로 하나님을 섬기도록 이끈 신실한 왕이었습니다. 하지만 신실한 왕들도 결국 죄인입니다. 부와 성공은 히스기야를 자만에 빠지게 했습니다. 막강한 아시리아가 남 유다를 공격하자, 히스기야는 아시리아왕에게 뇌물을 주어 해결해 보려 했습니다. 하지만 아무 소용이 없었습니다. 그래서 히스기야는 자기 백성을 위해 기도했습니다. 하나님은 히스기야의 기도를 들으시고 남 유다를 살려 주셨습니다.

예수님은 아무런 죄도 짓지 않으신 신실한 왕이십니다. '신실하다'라는 단어는 '엄격하게 또는 빈틈없이 맡은 일을 수행하다', '자기가 한 말이나 약속, 맹세를 잘 지키다', '한결같이 충성하거나 애정을 베풀다', '충성스럽다', '일관성이 있다', '믿고 의지할 만하다', '사실, 기준, 원래의 것을 고수하다', '정확하다'라는 뜻입니다.

예수님은 죄인들을 구하는 사명을 완수하셨습니다. 예수님은 십자가에서 죽으시기 전 "다 이루었다(요 19:30 참조)"라고 말씀하셨습니다. 예수님은 하나님의 아들로서 충성하셨고, 변함없이 순종하십니다(히 3:5~6; 사 50:4~10 참조). 예수님은 어제나 오늘이나 영원토록 동일하십니다(히 13:8 참조). 예수님은 이 세상에 다시 오셔서 모든 것을 회복하실 것입니다(계 1:1~6 참조).

●● 티칭 포인트

아이들이 남 유다의 왕 중에 신실했던 히스기야에 비할 수 없을 만큼 예수님은 신실하신 분이라는 사실을 이해하도록 도와주십시오. 히스기야는 백성을 위해 하나님께 구원을 간구했지만, 그도 구원받아야 되는 죄인에 불과했습니다. 예수님은 죄가 없으시면서 하나님의 백성을 죄와 죽음에서 구해 달라고 간구하는 분이십니다.

주 제

하나님이 히스기야의 기도에 응답하셨어요.

가스펠 링크

예수님은 죽으시고 부활하심으로 사람들을 죄와 죽음에서 구원하셔서 하나님께 영광을 돌리셨어요.

히스기야는 남 유다의 신실한 왕이었어요 왕하 18~19장

남쪽의 유다 왕국에는 여러 왕이 있었어요. 아하스가 죽자 그의 아들 히스기야가 왕이 되었어요. 히스기야는 그의 아버지와 달랐어요. 아하스는 나쁜 왕이었지만, 히스기야는 정직한 왕이었지요. 히스기야는 하나님을 믿고 하나님의 명령에 순종했어요.

어느 날, 아시리아라는 나라가 북 이스라엘을 공격했어요. 아시리아 군대는 북 이스라엘을 파괴하고 사람들을 잡아갔어요. 몇 년 뒤에는 남 유다를 공격했지요.

히스기야는 두려웠어요. 그는 아시리아왕에게 사람을 보내 "물러가 주기만 한다면 요구하는 대로 뭐든지 하겠습니다"라고 말했어요.

아시리아왕은 은 300*달란트(약 10톤)와 금 30달란트(약 1톤)를 달라고 했어요. 히스기야는 하나님의 성전과 왕궁에 있던 은을 모두 모았어요. 그리고 성전의 문과 기둥에 입혀 놓은 금을 벗겨 아시리아왕에게 주었어요. 그래도 아시리아왕은 떠나지 않았어요. 그는 큰 군대와 함께 장군 몇 명을 히스기야에게 보내 말했어요. "너는 무엇을 믿고 이렇게 당당하냐? 우리 군대가 너희 군대보다 강하다. 지금 포기하는 게 좋을 것이다."

히스기야는 이사야 선지자에게 사람을 보내 "하나님께 우리를 위해 기도드려 주십시오!"라고 부탁했어요. 이사야는 하나님의 말씀을 전해 주었어요. "왕이여, 아시리아왕의 부하들이 모독한 말로 인해 두려워하지 마십시오. 그는 자기 땅으로 돌아가게 될 것입니다. 그러면 하나님이 그를 자기 땅에서 칼에 맞아 죽게 할 것입니다."

아시리아 사람들은 히스기야가 하나님을 믿고 의지하는 모습을 보고 비웃었어요. 아시리아왕은 히스기야에게 편지를 보냈어요. 하나님이 그들을 구하지 못할 것이라는 내용이었어요.

히스기야는 성전으로 갔어요. 그리고 아시리아왕의 편지를 펼치고 하나님께 기도했어요. "하나님! 우리를 아시리아의 손에서 구하셔서 주님만이 하나님이신 것을 세상의 모든 나라가 알게 해 주십시오!"

이사야가 히스기야에게 사람을 보내 하나님의 말씀을 전했어요. 하나님이 히스기야의 기도를 들으신 거예요. 하나님은 아시리아가 예루살렘을 공격하도록 내버려두지 않을 거라고 말씀하셨어요. "내가 나를 위해, 또 내 종 다윗을 위해 이 성을 지켜 구할 것이다"라고 말씀하셨어요.

그날 밤, 하나님의 천사가 아시리아 군대에 들어가 수십만 명의 적군을 죽였어요. 다음 날 아침, 아시리아왕은 자기 나라로 돌아갔어요. 그리고 하나님의 말씀대로 그곳에서 죽었어요.

●● 가스펠 링크

히스기야는 하나님의 백성을 구원해 모든 사람이 여호와가 진짜 하나님이신 것을 알게 해달라고 기도했고 하나님은 응답하셨어요. 예수님도 그의 백성이 구원받게 해달라고 기도하셨어요. 하나님은 예수님의 기도도 들어주셨어요. 예수님은 죽으시고 부활하심으로 사람들을 죄와 죽음에서 구원하셔서 하나님께 영광을 돌리셨어요.

*달란트 : 무게를 측정하는 가장 큰 단위이며 신약 시대에는 화폐의 단위로도 쓰였다.

 가스펠 준비 10~20분

 환영

도착하는 아이들을 반갑게 맞이하고 헌금, 출석, QT 등을 확인하며 격려한다. 새 친구가 있다면 소개한다. 편안한 분위기에서 안부를 물으며 오늘의 말씀과 관련된 화제로 이야기를 나눈다. 아이들에게 하나님이 기도에 응답하시는 것을 경험해 본 적이 있는지 물어본다. 그 일로 하나님에 대해 어떤 생각을 하게 되었는지 물어본다. 자발적으로 대화에 참여하도록 이끈다.

예) "기도가 무엇인가요?", "언제 기도하나요?", "하나님이 하셨다고 확실히 느꼈던 경험이 있나요?" 등.

마음 열기

전쟁이다! *

[준비물] 조커를 뺀 트럼프 카드(팀 수만큼)

① 아이들을 4명씩 한 팀으로 나누고, 각 팀에 조커를 뺀 트럼프 카드를 나누어 준다.

② 카드를 섞어 4명이 똑같이 나누어 가지라고 한다.

③ 동시에 카드 1장을 뒤집어, 점수가 제일 높은 카드를 낸 사람이 다른 아이의 카드를 가질 수 있다고 일러 준다. (에이스의 점수가 가장 높다)

④ 동점자가 있는 경우 다시 새 카드를 뒤집으라고 한다.

⑤ 52장의 카드를 모두 획득하거나, 정해진 시간에 가장 많은 카드를 획득한 사람이 이긴다.

— 대부분 전쟁에서는 더 큰 군대를 가진 나라가 이겨요. 오늘 우리는 자신들보다 훨씬 큰 군대를 가진 니라를 상대하게 된 남 유다를 도우시는 하나님에 관한 이야기를 배울 거예요. 얼른 듣고 싶지요?

몸으로 말해요 *

[준비물] 스케치북, 매직

① 스케치북에 감정을 나타내는 단어들을 여러 개 적어 둔다.

　예) 슬프다, 설레다, 무섭다, 두렵다, 불안하다, 겁나다 등.

② 자원자를 3~4명 뽑아 귓속말로 알려 주는 감정을 동작으로 표현해 보라고 한다.

③ 아이들에게 동작을 보고 그 감정이 무엇인지 맞히라고 한다.

④ 스케치북을 보여 주며 정답을 확인한다.

— '두렵다'라는 단어와 비슷한 말이 참 많지요? 하지만 여러분이 어떤 단어를 사용하든, 결국 모두 비슷한 느낌일 거예요. 히스기야는 아시리아왕을 두려워했어요. 과연 히스기야는 두려움을 어떻게 이겨냈을까요?

가스펠 설교

15~30분

 들어가기

[준비물] 실험 가운, 과학 서적 여러 권, 책상 또는 의자

실험 가운을 입고, 책더미를 들고 들어온다. 들고 온 책을 예배실 앞쪽에 있는 책상 위에 철퍼덕 내려놓는다.

모두 다시 만나서 반가워요! 전 이 책들을 자세히 살펴보면서 최근에 고민하는 과학적 질문의 답을 찾고 있어요. 그런데 아무래도 답을 못 찾을 것 같아요. 여러 번 실험해도 결과들이 제각각이라 결론을 내릴 수가 없어요.

다행히 저희 박사님이 이 주제에 대해 잘 알고 계시기 때문에, 박사님께 도움을 구하는 편지를 보냈어요. 아직 답장이 안 왔지만, 박사님이 제게 필요한 정보를 꼭 보내 주실 거라고 믿어요.

박사님 이야기를 하다 보니 하나님 생각이 나는군요. 하나님도 언제나 하나님의 백성이 드리는 기도에 응답하세요. 사실 하나님은 우리 박사님이 제 편지에 답장하는 것보다 훨씬 더 잘 응답하세요! 저는 그 사실을 확인해 줄 성경 이야기를 하나 알고 있어요! 제목은 "히스기야는 남 유다의 신실한 왕이었어요"랍니다.

 연대표

먼저, 지난 몇 주간 배운 이야기들을 복습해 볼까요? 우리는 엘리야 이야기를 통해 하나님이 하나님의 적들보다 훨씬 강하시고, 하나님의 백성에게 자신을 드러내시는 분이라는 사실을 배웠어요.

엘리사 이야기를 통해서는 하나님이 사람들, 심지어 하나님의 적들까지도 소중하게 여기신다는 것을 배웠어요. 이사야의 이야기에서는 하나님이 거룩하시고 영화로우시며 하나님의 계획은 언제나 그대로 이루어진다는 것을 알 수 있었어요. 연대표를 가리키며 이번 주 우리가 함께 볼 성경 이야기는 남 유다의 왕 히스기야에 관한 이야기예요.

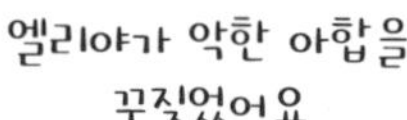

엘리야가 악한 아합을 꾸짖었어요

엘리야가 이세벨을 피해 도망쳤어요

하나님이 나아만을 고쳐 주셨어요

하나님이 이사야를 부르셨어요

이사야가 메시아에 대해 외쳤어요

히스기야는 남 유다의 신실한 왕이었어요

 성경의 초점

지난 몇 주 동안 우리의 '성경의 초점'은 달라지지 않았지요? 다 같이 외워 볼까요? **하나님 외에 다른 신이 있나요? 오직 하나님 한 분만이 우리의 예배를 받으실 참 신이세요.** 오늘의 성경 이야기도 집중해서 잘 들어 보세요. 그리고 '성경의 초점'을 뒷받침해 줄 만한 증거가 있는지 잘 살펴보세요.

 성경 이야기

열왕기하 18~19장을 펴고, 설교 영상(지도자용 팩)을 보여 주거나 이야기 성경을 들려준다.

히스기야는 당시에 보기 드물게 좋은 왕이었어요. 그는 하나님께 순종하기 원했지만, 그런 히스기야도 잘못을 저질렀어요. 오늘 성경 이야기를 보면, 아시리아의 왕이 남 유다를 공격하겠다고 겁을 주는 장면이 나와요. 아시리아는 강한 나라였고, 이미 북 이스라엘을 비롯한 여러 도시와 나라를 차지한 상태였지요. 히스기야는 아시리아의 공격을 막기 위해 하나님의 성전에 있던 보물들을 넘겨주었어요.

하지만 소용없는 일이었어요. 아시리아왕은 떠나지 않고 계속해서 하나님의 백성을 위협했어요. 심지어 신하를 보내 하나님의 구원을 믿고 기다리는 하나님의 백성을 비웃기도 했지요. 그들은 가짜 신들이 자기들을 구원해 줄 것이라고 믿었던 나라들을 정복한 경험이 많았어요. 그 신들은 가짜였고 당연히 아무도 구해줄 수 없었지요! 하지만 이번에 아시리아인들이 싸우려는 상대는 유일하신 참 하나님을 믿고 의지하는 하나님의 백성이었어요. 히스기야는 하나님께 하나님의 백성을 적의 손에서 구하셔서 모든 사람이 하나님이 유일한 참 하나님이신 것을 알게 해달라고 기도했어요. **하나님은 히스기야의 기도에 응답하셨어요.**

예수님도 하나님의 백성을 구원해 달라고 기도하셨어요. 하나님은 예수님의 기도도 들어주셨지요. 예수님은 죽으시고 부활하심으로 하나님의 백성을 죄와 죽음에서 구하셔서 하나님께 영광을 돌리셨어요.

우리도 하나님께 기도할 수 있어요. 그러면 하나님은 우리를 구원해 주시고, 우리를 새롭게 해 주세요! **하나님 외에 다른 신이 있나요? 오직 하나님 한 분만이 우리의 예배를 받으실 참 신이세요.**

 ## 복음 초청

성경과 121쪽 복음 초청 가이드를 이용해서 아이들에게 그리스도인이 되는 법을 설명해 준다. 따로 상담해 줄 사람을 정해 주고 궁금한 점이 있으면 물어보도록 격려한다.

이 시간 예수님을 마음에 모시고 싶은 친구는 함께 기도해요.

 ## 기도

하나님, 우리의 기도를 들으시고 응답해 주시는 하나님을 찬양합니다. 때로는 원하는 대로 이루어지지 않을 때도 있지만 그것 또한 하나님의 응답이라는 것을 알게 해 주세요. 언제나 가장 좋은 것으로 응답하시는 하나님을 믿습니다. 우리가 힘들고 어려울 때 가장 먼저 하나님을 의지하도록 인도해 주세요. 예수님의 이름으로 기도합니다. 아멘.

 ## 적용

TIP 설교 도입이나 적용으로 활용하거나 영상을 본 뒤 소그룹으로 나누어 풍성한 대화를 이어 갈 수 있습니다.

몹시 어려운 일을 만난 적이 있나요? 힘든 일을 만났을 때 여러분은 어떻게 했나요? 이 질문을 생각하면서 다음 영상을 함께 보기로 해요.

적용 예화 영상(지도자용 팩)을 보여 준다.

아이들에게 언제 기도하는지 물어본다. 하루에 한 번만 기도하는가? 잠자리에 들기 전에만 기도하는가? 기도하면 어떤 점이 좋은가? 우리가 기도할 때 누가 들으시는가? 하나님이 듣고 계신다는 것을 어떻게 알 수 있는가? 등의 질문을 하며 이야기를 나눈다.

하나님은 우리의 기도에 응답하시지 않는다고 생각할 때가 있어요. 하지만 우리는 하나님이 언제나 우리의 기도에 귀를 기울이시고, 하나님의 때에 응답하신다는 것을 잘 알아요. 물론 우리가 바라는 그대로 응답하지 않으실 때도 있어요. 그래도 우리는 하나님이 모든 것을 다스리신다는 사실을 믿을 수 있어요. 하나님이 우리가 바라는 대로 응답해 주시지 않더라도 기도는 하나님의 뜻이 무엇인지 알게 해 주고, 우리 마음을 하나님의 마음에 맞출 수 있도록 도와준답니다.

가스펠 소그룹

10~20분

 ## 나침반

번호를 찾으면

[준비물] 학생용 교재 36쪽, 연필

① 아이들에게 숫자 암호를 풀어 글자를 찾아보라고 한다.

② 찾은 글자를 빈칸에 넣어 히브리서 1장 1~2 상반절 말씀을 완성해 보라고 한다.

③ 완성한 성경 구절을 여러 번 함께 읽는다.

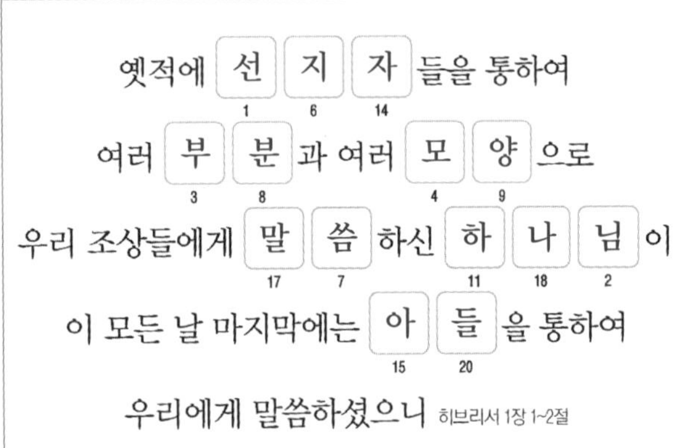

—— 오늘 성경 이야기에서 히스기야는 아시리아왕의 편지를 바닥에 펼치고 하나님께 기도했어요. **하나님은 히스기야의 기도를 들어주셨어요.** 하나님은 이사야 선지자를 통해 히스기야에게 구원의 소식을 전하셨어요. 이제 하나님은 성경으로 우리에게 말씀하세요.

 ## 보물 지도

히스기야 이야기

[준비물] 성경

① 아이들에게 성경에서 열왕기하 18~19장을 찾으라고 한다.

② 오늘의 성경 이야기를 간단하게 복습하고 복습 질문을 한다.

③ 정답을 맞히지 못하면, 성경의 장과 절을 알려 주어 답을 찾도록 도와준다.

1 오늘 성경 이야기에 나온 신실한 왕의 이름은 무엇인가요?

히스기야 (왕하 18:1)

2 히스기야는 어느 나라의 왕이었나요?

유다(남 유다) (왕하 18:1)

3 남 유다를 침략하려고 한 나라는 어느 나라였나요?

아시리아(앗수르) (왕하 18:13)

4 히스기야는 아시리아왕에게 줄 금과 은을 어디서 구했나요?

하나님의 성전과 왕궁 (왕하 18:15~16)

5 히스기야는 이사야에게 무엇을 부탁했나요?

백성을 위해 하나님께 기도해 달라고 부탁했다 (왕하 19:1~4)

6 하나님은 히스기야의 기도를 어떻게 들어주셨나요?

하나님은 천사들을 보내 아시리아 군사들을 죽여 아시리아왕이 자기 나라로 돌아가게 하셨다 (왕하 19:35~36)

7 하나님 외에 다른 신이 있나요?

오직 하나님 한 분만이 우리의 예배를 받으실 참 신이세요

—— **하나님이 히스기야의 기도에 응답하셨어요.** 하나님은 언제나 하나님 백성의 기도를 들으시고 응답해 주세요. 때때로 하나님은 우리가 원하거나 기대하는 응답을 주시지 않을 때도 있어요. 하지만 하나님은 언제나 우리의 기도에 응답하세요.

히스기야는 아시리아의 손에서 남 유다를 구해 달라고 하나님께 기도했어요. 우리는 그보다 더 큰 적에게서 우리를 구해 달라고 하나님께 기도해야 해요. 바로 죄예요! 하나님은 우리를 죄에서 구하시려고 예수님을 보내셨어요. 우리를 죄에서 구해 달라고 기도하면, 하나님은 언제나 "그래"라고 대답하세요.

 ## 탐험하기

히스기야에게 온 편지

[준비물] 학생용 교재 37쪽, 연필

① 아이들에게 그림을 보고 떠오르는 단어를 빈칸에 적어 아시리아왕이 히스기야에게 보낸 편지를 완성해 보라고 한다.

② 편지를 받은 히스기야는 어떤 반응을 보였는지 이야기를 나눈다.

③ 만약 내가 이런 편지를 받았다면 어떤 답장을 쓸지 적어 보게 한다.

—— 히스기야는 남 유다 왕국의 왕이었어요. 북 이스라엘을 정복한 아시리아는 이제 남 유다를 정복하려고 했어요. 아시리아왕이 히스기야에게 편지를 보냈어요. 히스기야가 용기를 잃게 만들려고, 하나님을 믿는 것이 어리석다는 내용

의 편지를 썼어요. 하지만 히스기야는 두려워하지 않았어요.
오히려 더욱 하나님을 믿고 의지했어요.

하나님이 힘을 주세요 *

[준비물] 비타민 음료, 성경 구절이 쓰인 라벨지, 편지지, 연필

① 라벨지에 격려하는 내용의 성경 구절을 써 둔다.

② 아이들에게 편지지와 비타민 음료, 성경 구절을 적은 라벨지를 나누어 준다.

③ 부모님이나, 선생님, 목사님과 같은 지도자 또는 하나님이 필요한 사람을 떠올려 보게 한다.

④ 생각나는 사람에게 마음을 담아 편지를 써 보라고 한다.

⑤ 비타민 음료에 라벨지를 붙여 편지와 함께 이번 주에 전달하라고 한다.

TIP 성경 구절 리벨은 "너희 염려를 다 주께 맡기라 이는 그가 너희를 돌보심이라 (벧전 5:7)" 등의 힘이 되는 성경 구절들을 다양하게 준비한다.

━━ 아시리아왕은 용기를 잃게 만들고, 하나님을 믿는 것이 어리석어 보이게 하려고 히스기야에게 편지를 썼어요. 그는 히스기야가 희망을 잃고 포기하길 바랐지요. 하지만 히스기야는 오히려 하나님께 기도하고 하나님의 도움을 구하기로 마음먹었어요.

우리도 하나님의 도움이 필요해요. 하나님이 우리를 도우시는 방법 중 하나는 바로 격려하는 것이에요! 우리가 주변 사람들을 격려하고 기운을 북돋우면, 사람들은 우리를 통해 하나님의 사랑과 도움을 경험하게 될 거예요.

 보물 상자

나만의 기록장

[준비물] 학생용 교재38쪽, 연필

① 하나님이 꼭 들어주셨으면 하는 기도 제목을 갖고, 하나님에게 도움을 구하는 편지를 써 보라고 한다.

② 아이들에게 자신에게 중요한 문제라면 무슨 일이든 다 기도해도 된다고 격려해 준다.

━━ 성경은 모든 염려를 하나님께 맡기라고 말해요(벧전 5:7 참조). 하나님이 우리를 돌보시기 때문이에요. 중요해 보이든, 보잘것없어 보이든 하나님은 언제나 우리 기도를 들으세요. 우리가 원하는 대로 항상 응답해 주시는 것은 아니지만, 하나님은 언제나 우리의 기도에 대답하세요. 어떤 경우에는 참을성 있게 기다리라고 대답하세요. 안 된다고 대답하시기도 하지요. 우리가 하나님의 뜻과 같은 것을 구하면 하나님은 기뻐하세요.

메시지 카드

이번 주 메시지 카드로 부모님과 함께 오늘 배운 성경 이야기를 나누어 보라고 한다.

기도

하나님, 언제나 우리의 기도를 들으시고 응답해 주셔서 감사합니다. 때로는 기도의 응답을 기다려야 하고, 때로는 안 된다고 말씀하시지만 그 모든 것이 우리에게 꼭 필요한 응답인 것을 믿어요. 예수님을 통해 우리를 구원하시는 하나님의 사랑을 찬양합니다. 예수님의 이름으로 기도합니다. 아멘.

단원

포기하지 않으시는 하나님

하나님의 백성은 계속해서 죄를 지어 하나님과 멀어졌지만 하나님은 포기하지 않으시고 그들을 사랑하셨습니다. 하나님은 호세아의 삶을 통해 여전히 사랑하신다는 사실을 보여주셨습니다. 요나를 니느웨로 보내 하나님의 사랑이 닿지 않는 사람은 아무도 없다는 사실을 가르쳐 주셨습니다. 하나님은 요엘을 통해 심판을 피할 수는 없겠지만 하나님은 자비로우시고 그들을 다시 맞을 준비가 되셨다는 사실을 알려 주셨습니다.

하나님이 호세아를
통해 북 이스라엘에
사랑을 전하셨어요

하나님이 요나를
통해 니느웨에
사랑을 전하셨어요

The Gospel
Project

하나님이 요엘을
통해 남 유다에
사랑을 전하셨어요

카운트다운 – 그림자

카운트다운 영상(지도자용 팩)을 틀고 예배 준비 자세를 취하도록 격려한다. 예배가 시작되는 시간에 영상이 끝나도록 맞추어 놓는다. 영상이 끝나기 30초 전에 예배 인도자는 정해진 위치에 서서 조용히 기도하는 모범을 보인다.

무대 배경 – 방송국 스튜디오

방송국 스튜디오처럼 장식하고 예배실 앞에 책상과 의자 2개를 놓아 둔다. 책상 뒤 벽에는 큰 지도를 걸고 '가스펠 뉴스'가 새겨진 간판도 만든다. 화면에 방송국 스튜디오 배경 이미지(지도자용 팩)를 띄운다.

7 하나님이 호세아를 통해 북 이스라엘에 사랑을 전하셨어요

호 1~14장

본문 속으로

하나님은 북 이스라엘에 호세아 선지자를 보내 하나님이 죄를 몹시 싫어하신다는 것과 곧 심판이 있을 것이라는 소식을 전하셨습니다. 그와 더불어 절대 포기하지 않으시는 하나님의 사랑에 관해서도 말씀하셨습니다. 하나님은 호세아의 삶을 통해 절대 포기하지 않는 사랑이 어떤 모습인지 하나님의 백성에게 보여 주셨습니다.

하나님은 호세아에게 음란한 여자와 결혼하라고 말씀하셨습니다. 그의 아내는 부정한 행위를 하며, 다른 남자들의 아이를 낳을 것이라고 하셨습니다. 그래도 호세아는 순종했습니다.

그는 고멜이라는 여인을 아내로 맞았습니다. 하나님이 말씀하신 대로, 고멜은 아내로서의 신의를 지키지 않고 다른 연인들을 따라다녔습니다. 자기 아내가 다른 사람과 있는 것을 볼 때마다 호세아가 얼마나 비통했을지 상상해 보십시오.

호세아는 두 손을 들고 "됐소! 이제 당신이랑은 끝이오!"라고 말하는 것이 더 쉬웠을 것입니다. 하나님의 백성도 고멜과 전혀 다르지 않았습니다. 그들도 영적인 간음을 저질렀습니다. 그들의 마음은 언제나 다른 연인을 찾아 헤매고 있었습니다. 그들은 우상, 즉 유일하신 참 하나님이 아닌 다른 사람이나 물건을 숭배했습니다.

하나님도 두 손을 들고 "됐다! 이제 너희랑은 끝이다!"라고 말씀하시는 것이 더 쉬웠을 것입니다. 하지만 하나님의 사랑은 결코 포기하는 법이 없습니다. 하나님은 호세아에게 사랑을 주셔서 자기 아내를 노예 시장에서 다시 데려오도록 하셨습니다. 고멜이 그렇게 많은 잘못을 저질렀는데도 말입니다.

하나님도 마찬가지입니다. 하나님의 백성이 수많은 부정을 저질렀음에도 그들을 찾아다니셨습니다. 그리고 백성을 되찾기 위해 아주 비싼 대가를 지불하셨습니다. 바로 하나님의 아들 예수님의 생명이었습니다.

● ● 티칭 포인트

호세아의 이야기를 들려줄 때 아이들의 나이에 맞게 적절하게 설명해야 합니다. 하나님은 호세아의 부정한 아내를 통해 이스라엘 백성이 얼마나 하나님께 신의를 지키지 않았는지를 보여 주셨습니다. 하지만 동시에 하나님은 호세아에게 깊은 사랑을 주셔서 온갖 부정을 저지른 고멜을 기꺼이 데려오게 하셨습니다. 아이들에게 하나님의 사랑은 깊고, 하나님은 결코 포기하지 않으시며, 자기 백성을 끝까지 사랑하신다는 것을 알려 주십시오.

주 제

하나님은 사랑받을 자격이 없는 사람도 사랑하세요.

가스펠 링크

호세아가 신실하지 않은 아내 고멜을 포기하지 않았던 것처럼 하나님은 하나님의 백성을 포기하지 않는 사랑으로 끝까지 사랑하세요. 그 증거는 바로 예수님이에요.

하나님이 호세아를 통해 북 이스라엘에 사랑을 전하셨어요 호 1~14장

하나님은 호세아 선지자에게 어떻게 살아야 할지 알려 주셨어요. 하나님은 호세아에게 "너를 신실하게 사랑하지 않을 여자를 아내로 삼아 자식들을 낳아라"라고 말씀하셨어요. 하나님은 호세아의 인생을 통해 사람들을 향한 하나님의 사랑이 어떤 것인지 보여 주시고자 했어요. 호세아의 아내는 남편이 아닌 다른 사람들을 사랑하게 될 거예요. 마치 이스라엘 백성이 하나뿐인 진짜 하나님을 버리고 다른 신들을 섬기는 것처럼 말이에요.

하나님이 호세아에게 하신 말씀은 정말 어려운 일이었어요. 자기를 사랑하지도 않는 사람을 사랑해야 하다니요! 하지만 호세아는 하나님의 말씀에 순종했어요. 그래서 고멜이라는 여자와 결혼했어요.

고멜은 3명의 아이를 낳았어요. 하나님은 이 아이들에게 이스르엘, 로루하마, 로암미라는 이름을 주셨어요. 이 이름에는 모두 특별한 뜻이 있었어요. '이스르엘'은 하나님이 북 이스라엘 왕국을 멸망시킬 것이라는 의미를 가지고 있어요. '로루하마'는 '불쌍히 여김을 받지 못한 사람'이라는 의미예요. 북 이스라엘을 더 이상 불쌍하게 생각하지 않고, 그들이 지은 죄에 마땅한 벌을 내리시겠다는 하나님의 의도가 담긴 이름이지요. '로암미'는 '내 백성이 아니다'라는 뜻이에요. 하나님 대신 우상을 섬기는 북 이스라엘 백성은 더 이상 하나님의 백성이 아니라는 말씀이지요.

고멜은 남편인 호세아를 떠나 종종 달아났어요. 하나님은 호세아에게 아내를 찾아오라고 하셨어요. 호세아는 고멜을 찾아내 돈을 주고 다시 데려왔어요. 호세아는 고멜에게 "이제 나와 함께 지내고, 더는 부정한 일을 하지 마시오"라고 말했어요. 비록 고멜은 아내로서 남편을 신실하게 사랑하지 않았지만, 호세아는 여

전히 고멜을 사랑했어요. 하나님이 포기하지 않는 사랑을 호세아에게 주셨기 때문이에요. 하나님은 북 이스라엘 사람들이 호세아의 이야기를 듣고 자신들도 고멜과 다르지 않다는 사실을 깨닫기를 바라셨어요. 사람들은 하나님을 사랑하지 않았지만, 하나님은 여전히 그들을 사랑하셨지요. 하나님은 결코 포기하지 않는 사랑으로 그들을 사랑하셨어요.

호세아는 북 이스라엘 백성에게 하나님이 그들의 죄를 심판하실 것이라고 경고했어요. 그러니 얼른 하나님께 돌아오라고 진심으로 호소했지요. "이제 하나님께 돌아갑시다! 그리고 하나님을 알기 위해 온 마음과 온 힘을 다합시다!"

하나님은 하나님을 떠난 백성을 벌하셨지만, 아브라함에게 하신 약속은 반드시 지키셨어요. 아브라함의 자손이 수없이 많아질 것이며, 예수님이 아브라함의 자손으로 오실 것이라는 약속 말이에요. 맞아요. 하나님은 여전히 하나님의 백성을 사랑하세요. 하나님은 죄를 몹시 싫어하시지만, 호세아가 비싼 값을 치르고 아내를 되찾아 온 것처럼 어떤 값을 지불해서라도 하나님의 백성을 되찾으세요.

●●● 가스펠 링크

하나님은 호세아의 부정한 아내를 통해 하나님의 백성이 하나님께 얼마나 부정했는지 보여 주셨어요. 하나님은 호세아에게 사랑의 마음을 주셨어요. 그 사랑으로 호세아는 잘못을 저지른 고멜을 기꺼이 되찾아 왔어요. 하나님은 하나님의 백성을 결코 포기하지 않는 깊은 사랑으로 끝까지 사랑하세요. 그 증거는 바로 예수님이에요.

가스펠 준비

10~20분

 환영

도착하는 아이들을 반갑게 맞이하고 헌금, 출석, QT 등을 확인하며 격려한다. 새 친구가 있다면 소개한다. 편안한 분위기에서 안부를 물으며 오늘의 말씀과 관련된 화제로 이야기를 나눈다. 사랑하기 어려운 사람에게 사랑을 베푼 경험이 있는지 물어본다. 자발적으로 대화에 참여하도록 이끈다.

예) "나에게 예의 없이 행동하는 사람이 있었나요?", "누군가 여러분을 무례하게 대했을 때, 친절하게 대해 준 적이 있나요?" 등.

━━━ 오늘 우리는 호세아 선지자에 대해 배울 거예요. 호세아는 북 이스라엘에 하나님의 말씀을 전한 선지자였어요. 호세아는 단지 말로만 하나님의 말씀을 전하지 않고 자신의 삶을 통해 직접 보여 주었어요! 호세아는 아주 힘든 방법으로 백성을 향한 하나님의 사랑을 보여 주었지요. 자세한 이야기는 잠시 후에 들어 보기로 해요.

 마음 열기

이게 더 좋아! *

① 아이들을 둥글게 앉히고, 인도자의 질문에 대답해 보라고 한다.

예) 무엇을 더 좋아하나요?

· 피자 또는 아이스크림

· 컴퓨터 게임 또는 밖에 나가 노는 것

· 새 옷 또는 새 장난감

· 만화영화 보기 또는 책 읽기

· 과학 또는 역사

② 아이들이 모두 대답할 수 있도록, 질문하고 대답하기를 반복한다.

━━━ 어떤 사람이 시간이나 노력을 어디에 쓰는지를 보면 그 사람이 무엇을 좋아하는지 알 수 있어요. 하나님을 가장 사랑하라고 부름을 받았던 이스라엘 백성은 하나님을 가장 사랑했을까요? 아니면 다른 것들을 더 좋아했을까요? 오늘 성경 이야기에 나오는 호세아 선지자의 아내 고멜의 행동은 바로 하나님의 백성이 무엇을 더 좋아했었는지 보여 주어요. 함께 오늘의 성경 이야기를 살펴보아요!

하나만 고르세요! *

① 아이들을 둥글게 앉히고, 아이들에게 인도자가 말하는 2개 중 하나를 선택해 보라고 한다.

예) 아이스크림과 피자, 바다와 수영장, 영화 보기와 콘서트 가기, 나를 사랑하는 사람과 나를 사랑하지 않는 사람 등.

② 첫 번째를 선택한 아이들은 인도자 왼쪽으로, 두 번째를 선택한 아이들은 인도자 오른쪽으로 가서 앉으라고 한다.

③ 아이들에게 왜 그런 선택을 했는지 말해 보라고 한다.

━━━ 우리를 사랑하는 사람을 사랑하기는 쉬워요. 오늘 우리가 들을 성경 이야기는 호세아라는 선지자에 관한 이야기예요. 하나님은 호세아를 통해 하나님을 사랑하지 않는 사람까지도 사랑하신다는 것을 보여 주셨어요.

7 | 하나님이 호세아를 통해 북 이스라엘에 사랑을 전하셨어요

가스펠 설교

 ## 들어가기

[준비물] 정장(셔츠, 넥타이, 재킷)**, 이어폰, 대본, 책상, 의자**

정장 차림을 하고, 한쪽 귀에는 이어폰을 끼고 책상에 앉는다. 생방송 준비를 하듯 옷매무새를 가다듬고 머리를 손본다. 카운트다운에 맞추듯 고개를 살짝 돌리다가 대본을 읽기 시작한다.

시청자 여러분, 안녕하십니까. 여러분의 우울함을 확 날려 줄 가스펠 뉴스를 시작하겠습니다. 오늘의 첫 소식은 "하나님이 호세아를 통해 북 이스라엘에 사랑을 전하셨어요"입니다. 지금 놀라운 소식이 들어오고 있는데요, 기자들에 따르면 완벽한 사랑을 발견했다고 합니다. 자세한 이야기를 함께 들어 보겠습니다.

연대표

하나님이 나아만을 고쳐 주셨어요

하나님이 이사야를 부르셨어요

이사야가 메시아에 대해 외쳤어요

히스기야는 남 유다의 신실한 왕이었어요

하나님이 호세아를 통해 북 이스라엘에 사랑을 전하셨어요

하나님이 요나를 통해 니느웨에 사랑을 전하셨어요

하지만 먼저, 지난 소식들을 살펴보겠습니다. 연대표에서 지난 이야기들을 가리킨다. 저희 가스펠 뉴스에서는 북 이스라엘 왕국

의 나쁜 왕들과 하나님 백성의 마음을 하나님에게서 멀어지게 한 그들의 잘못에 관해 자세하게 전해 드렸습니다. 북 이스라엘 백성에게는 하나님의 사랑을 일깨워 줄 선지자가 필요했고, 하나님은 여러 선지자를 통해 예수님을 보내시려는 하나님의 계획을 일부 알려 주셨는데요. 자, 오늘은 하나님이 호세아의 삶을 통해 하나님의 백성에게 어떤 중요한 교훈을 주시는지 들어 보겠습니다.

 ## 성경의 초점

하지만 그러려면 '성경의 초점'의 질문인 **"하나님은 어떤 분이신가요?"**의 답이 무엇인지 알아야 할 텐데요. 채널 고정하고 성경 이야기에 귀를 기울이면 답을 찾을 수 있습니다.

 ## 성경 이야기

호세아 1~14장을 펴고, 설교 영상(지도자용 팩)을 보여 주거나 이야기 성경을 들려준다.

정말 독특한 이야기군요! 우리가 책이나 영화를 통해 들었던 일반적인 사랑 이야기들과는 아주 달라요. 하나님은 호세아를 통해 하나님의 백성에게 특별한 말씀을 전하고 싶으셨어요. 하나님은 호세아의 인생을 사용하셔서 하나님의 백성을 향한 자신의 사랑을 보여 주셨어요.

하나님은 북 이스라엘의 백성에게 전할 말씀이 있었어요. 하지만 이번에는 그냥 말로만 전하는 것이 아니라, **하나님은 사랑받을 자격이 없는 사람도 사랑하신다**는 것을 직접 보여 주고 싶으셨지요. 호세아는 사람들에게 하나님이 어떤 분이신지 보여 주었어요. **하나님은 어떤 분이신가요? 하나님은 노하기를 더디하시고 사랑과 긍휼이 풍성하신 분이세요.** 함께 말해 볼까요? 아이들과 함께 '성경의 초점'을 말한다.

여러분도 알다시피 하나님의 백성은 끊임없이 하나님을 떠났어요. 그들은 죄 가운데 살면서 하나님을 따르지 않았어요. 하나님은 호세아의 삶을 통해 하나님을 사랑하지 않는 백성의 모습을 보여 주셨어요.

하나님은 호세아에게 그를 사랑하지 않는 여자와 결혼하라고 하셨어요. 고멜이 끊임없이 호세아에게 죄를 짓고 떠났던

것처럼 하나님의 백성도 하나님을 버리고 가짜 신들을 섬겼어요. 호세아가 값을 치르고 고멜을 다시 데려온 것처럼 하나님도 비싼 값을 치르고 우리를 죄에서 구할 계획을 세우셨어요. 하나님은 아들이신 예수님의 죽음을 통해 우리의 죗값을 치르게 할 계획이었지요.

하나님은 예수님을 보내 우리의 죗값을 치르게 하셨어요. 예수님은 우리를 위해 십자가에서 목숨을 내놓으셨어요. 우리가 받을 벌을 대신 받으신 거예요. 우리가 예수님을 믿고 의지할 때 하나님은 우리 죄를 용서하시고 우리에게 영원한 생명을 주세요. 이 소식이야말로 우울함을 확 날려 줄 최고의 소식이지요!

복 / 습 / 질 / 문

1 호세아는 누구와 결혼했나요?

고멜 (호 1:3)

2 고멜은 몇 명의 아이를 낳았나요? 아이들의 이름은 무엇인가요?

3명, 이스르엘, 로루하마, 로암미 (호 1:4, 6, 9)

3 북 이스라엘 백성의 어떤 점이 고멜과 닮았나요?

하나님이 아닌 다른 신을 섬기는 것 (호 3:1)

4 참일까요, 거짓일까요? 호세아는 고멜을 포기하고 도망가도록 내버려 두었다.

거짓, 호세아는 값을 지불하고 고멜을 데려왔다 (호 3:2)

5 호세아는 북 이스라엘 백성에게 어떻게 하라고 말했나요?

여호와께 돌아와, 여호와를 알기 위해 힘을 다하라고 말했다 (호 6:1, 3)

찬양

절대 포기하지 않으시죠

하나님 사랑 우릴 절대 포기하지 않으시죠
온 맘을 다해 하나님께로 돌아오라시죠
하나님 사랑 우릴 절대 포기하지 않으시죠
변함 없으신 주님의 사랑 높여 찬양해요

주를 떠나 죄에 빠진 우리들 헤메이고 부딪히고 다칠 때
우릴 찾아 오신 예수님 주 품에 안아 주시며 우릴 감싸 주셨네.

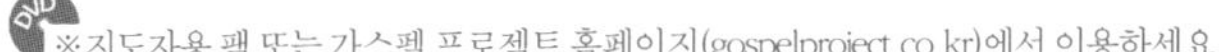
※지도자용 팩 또는 가스펠 프로젝트 홈페이지(gospelproject.co.kr)에서 이용하세요.

복음 초청

성경과 121쪽 복음 초청 가이드를 이용해서 아이들에게 그리스도인이 되는 법을 설명해 준다. 따로 상담해 줄 사람을 정해 주고 궁금한 점이 있으면 물어보도록 격려한다.

이 시간 예수님을 마음에 모시고 싶은 친구는 함께 기도해요.

기도

하나님, 호세아의 삶을 통해 하나님의 크신 사랑을 알게 해 주셔서 감사합니다. 하나님은 우리를 포기하지 않으시고 끝까지 사랑하신다는 것을 믿어요. 우리를 위해 십자가에서 대신 죗값을 치르신 예수님을 생각할 때마다 하나님을 더욱 사랑할 수 있도록 인도해 주세요. 예수님의 이름으로 기도합니다. 아멘.

적용

TIP 설교 도입이나 적용으로 활용하거나 영상을 본 뒤 소그룹으로 나누어 풍성한 대화를 이어 갈 수 있습니다.

사랑하기 어려운 사람이 있나요? 혹은 사랑하는 사람 때문에 상처받은 적이 있나요? 그런 경험을 떠올리며 다음 영상을 함께 보기로 해요.

적용 예화 영상(지도자용 팩)을 보여 준다.

친구나 사랑하는 사람에게 상처받은 적이 있었나요? 반대로 자신이 친구나 사랑하는 사람들에게 상처를 준 적이 있었나요? 관계를 회복하기 위해 어떤 노력을 했었나요?

호세아는 다른 사람을 사랑하는 일을 정말 잘했기 때문에 고멜을 사랑했을까요? 아니에요. 하나님이 호세아에게 포기하지 않는 사랑을 주셨기 때문이에요. 우리는 죄 때문에 하나님의 원수가 되었지만, 우리를 사랑하시는 하나님은 예수님을 보내 우리의 죄를 없애 주셨어요. 하나님이 이렇게 우리를 사랑하시기 때문에 우리도 다른 사람들을 사랑할 수 있어요. 그들이 우리를 사랑하지 않을 때도 말이에요.

가스펠 소그룹

나침반

포기하지 않는 사랑

"너희는 옷을 찢지 말고 마음을 찢고 너희 하나님 여호와께로 돌아올지어다 그는 은혜로우시며 자비로우시며 노하기를 더디하시며 인애가 크시사 뜻을 돌이켜 재앙을 내리지 아니하시나니"(욜 2:13).

[준비물] 학생용 교재 42쪽, 연필이나 색연필

① 아이들에게 시작에서 미로를 통과하여 찾은 단어를 아래 빈칸에 넣어 보라고 한다.

③ 완성된 요엘 2장 13절 말씀을 함께 여러 번 읽으며 외워 보게 한다.

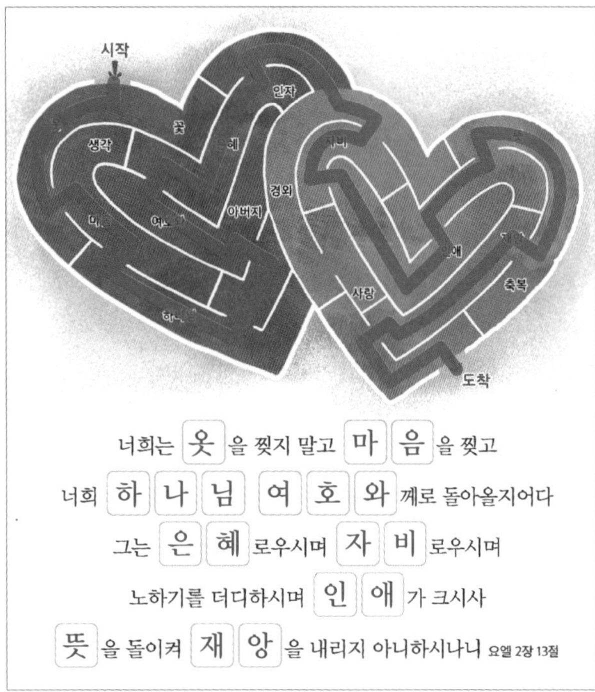

━━ 호세아는 고멜을 포기하지 않았어요. 끝까지 사랑했어요. 고멜이 달아나면 찾아다녔고, 심지어 돈을 주고 다시 데려오기도 했어요. 고멜은 호세아의 사랑을 받을 자격이 없었지만, 호세아는 포기하지 않았어요! 호세아의 사랑은 하나님의 사랑 같아요. **하나님은 노하기를 더디하시고 사랑과 긍휼이 풍성하신 분**이시기 때문에 예수님을 보내 십자가에서 우리의 죗값을 대신 치르게 하셨어요. 이제 예수님을 믿으면 사랑받을 자격이 없는 죄인이라도 하나님의 사랑을 받으며 영원히 함께할 수 있어요.

보물 지도

짝을 찾아라!

[준비물] '성경 인물 맞히기 카드' 세트 2개(127쪽 또는 지도자용 팩)

① 성경 인물 맞히기 카드에 적힌 인물에 관해 이야기를 들려준다.

② 아이들을 2팀으로 나누고, 짝을 이루는 카드를 찾으라고 한다.

③ 먼저 짝을 찾은 팀은 각 인물에 관련된 내용을 함께 읽어 보라고 한다.

━━ 호세아는 북 이스라엘의 선지자였어요. 그는 하나님의 말씀에 따라 고멜이라는 여자와 결혼했어요. 하지만 고멜은 호세아를 사랑하지 않았어요.

고멜은 3명의 아이를 낳았어요. 아이들의 이름에는 모두 특별한 의미가 있었어요. 하나님은 호세아의 가족을 통해 하나님의 백성에게 말씀하셨던 거예요. 백성이 하나님을 제대로 사랑하고 있지 않다고 말이에요. 하지만 호세아가 고멜을 포기하지 않고 사랑했던 것처럼, 하나님도 절대 우리를 포기하지 않고 끝까지 사랑하세요! 하나님은 예수님을 보내 우리를 향한 하나님의 사랑을 보여 주셨어요. 예수님은 우리를 죄에서 구하기 위해 모든 것을 버리셨어요. 자기 목숨까지 말이에요.

탐험하기

호세아와 고멜

[준비물] 학생용 교재 43쪽, 연필

① 오늘의 성경 이야기를 간단하게 복습한다.

② 두 그림에서 다른 부분 6군데를 찾아 ○표 해 보라고 한다.

━━ 호세아는 북 이스라엘의 선지자였어요. 그의 아내 고멜은 호세아를 사랑과 존경으로 대하지 않았어요. 그래도 호세아는 아내를 사랑했어요. 왜 그랬을까요? 하나님이 호세아에게 포기하지 않는 사랑을 주셨기 때문이에요. 우리는 죄 때문에 하나님의 원수가 되었지만 하나님은 우리를 사랑하셨고 예수님을 보내 우리의 죄를 없애 주셨어요. 우리를 향한 하나님의 크신 사랑의 증거는 바로 십자가에서 죽으신 예수님이에요.

멈출 수 없는 사랑! *

① 술래 한 명을 정하고, '호세아'라고 이름을 지어 준다.

② 술래를 제외한 나머지 아이들은 모두 '고멜'이라고 말해 준다.

③ 호세아에게 잡힌 고멜은 모두 호세아가 되어 함께 고멜을 잡게 한다.

　　호세아는 끝까지 고멜을 사랑했어요. 고멜이 달아나도 호세아는 계속 고멜을 찾아다녔어요. 심지어 돈을 주고 고멜을 데려오기도 했지요. 고멜은 호세아의 사랑을 받을 자격이 없었지만, 호세아는 포기하지 않았어요!
호세아의 사랑은 하나님의 사랑을 생각나게 해요. 하나님은 결코 우리를 포기하지 않으세요. 하나님은 예수님을 보내셔서 십자기에서 죽으시고 다시 살이나게 하셨어요. 죄외 노예가 된 우리를 풀어 주기 위해서였어요. **하나님은 사랑받을 자격이 없는 사람도 사랑하세요.**

가시 돋친 장미 *

[준비물] '종이 장미'(126쪽 또는 지도자용 팩), **빨간 종이, 접착테이프, 초록색 모루**

① '종이 장미'를 빨간 종이에 출력 또는 복사하여 잘라 둔다.

② 아이들에게 종이 장미를 나누어 주고, 나선형의 바깥쪽에서부터 중앙으로 종이를 돌돌 말아 장미 모양을 만들어 보라고 한다.

③ 종이가 풀어지지 않도록 테이프를 붙여 고정하라고 한다.

④ 초록색 모루를 꽃의 바닥에 테이프로 붙인다.

　　장미는 아름다운 꽃이지만 줄기에 날카롭고 뾰족한 가시가 있어서 다루기 힘들어요. 사람들도 마찬가지예요. 아름답지만 가시같이 이기적인 모습으로 다른 사람에게 상처를 주기도 하지요. 하지만 하나님은 우리의 어떤 모습도 사랑으로 품어 주세요.

 보물 상자

나만의 기록장

[준비물] 학생용 교재 44쪽, 연필이나 색연필

① 아이들에게 사랑을 표현하고 싶지만 생각처럼 잘 안 될 때가 있었는지 물어본다.

② 어떻게 사랑을 표현할 수 있을지 생각해 보고, 그 방법을 그림이나 글로 표현해 보라고 한다.

③ 하나님이 우리를 사랑하시는 것처럼 다른 사람을 사랑할 수 있는 마음을 달라고 함께 기도한다.

　　예수님을 믿고 의지할 때 다른 사람을 사랑할 힘이 생겨요. 왜냐하면 우리는 하나님을 점점 더 닮아가기 때문이에요. 우리가 예수님을 더 믿고 의지하면 할수록 더 많은 사람이 우리에게서 하나님의 모습을 보게 될 거에요. 오늘의 성경 이야기를 기억하기 위해 장미를 간직해도 좋고 **하나님은 사랑받을 자격이 없는 사람도 사랑하신다**는 것을 전하기 위해 가족이나 친구에게 선물해도 좋아요.

메시지 카드

이번 주 메시지 카드로 부모님과 함께 오늘 배운 성경 이야기를 나누어 보라고 한다.

기도

사랑의 하나님, 하나님은 결코 우리를 포기하지 않으시며, 사랑받을 자격이 없는 사람도 사랑하신다는 것을 배웠습니다. 우리를 죄에서 구하기 위해 예수님을 보내 주셔서 감사합니다. 우리를 대신해 십자가에서 죽으시고 다시 살아나신 예수님을 기억하며 다른 사람에게 하나님의 사랑을 전할 수 있도록 인도해 주세요. 예수님의 이름으로 기도합니다. 아멘.

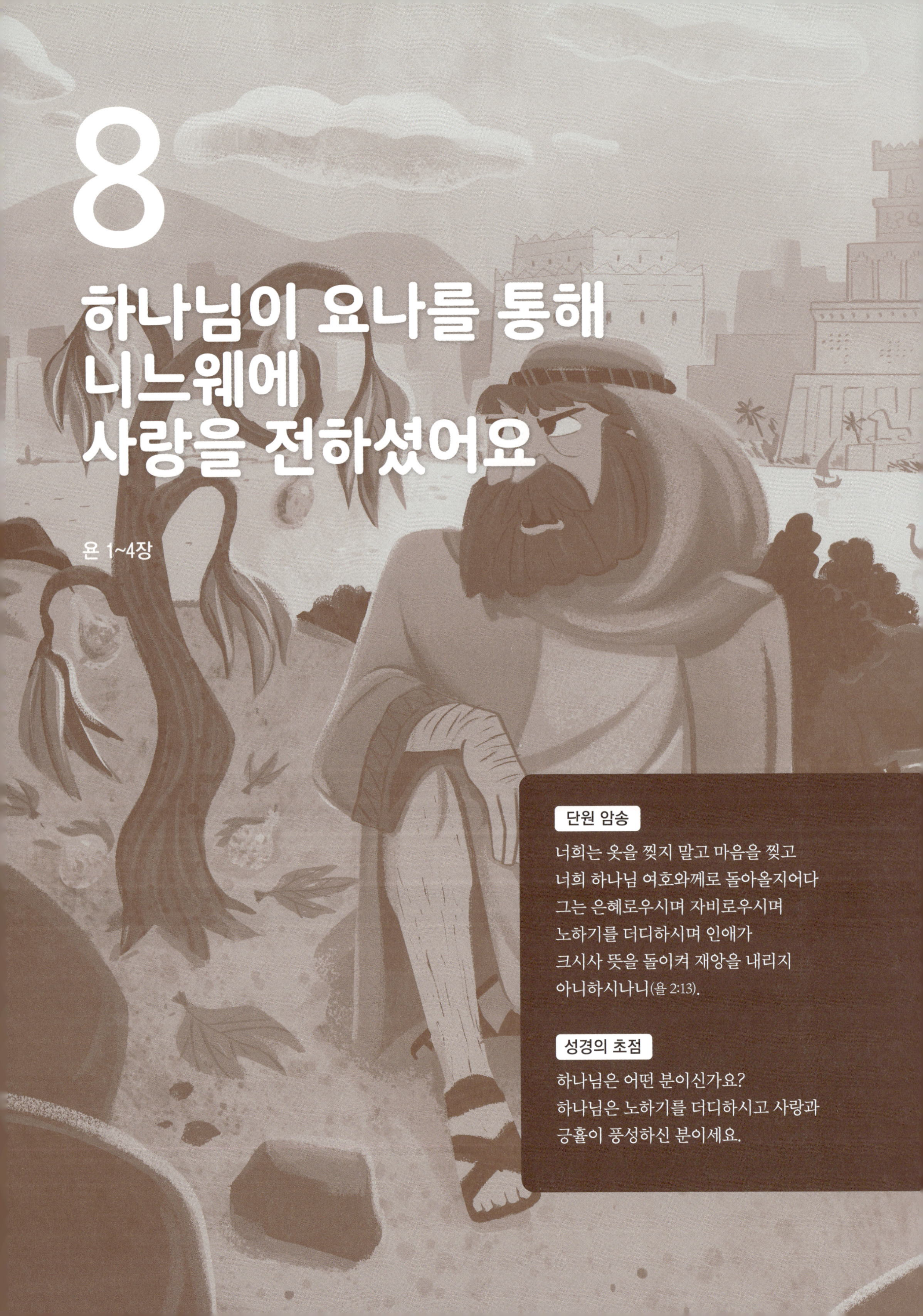

8

하나님이 요나를 통해 니느웨에 사랑을 전하셨어요

욘 1~4장

단원 암송

너희는 옷을 찢지 말고 마음을 찢고
너희 하나님 여호와께로 돌아올지어다
그는 은혜로우시며 자비로우시며
노하기를 더디하시며 인애가
크시사 뜻을 돌이켜 재앙을 내리지
아니하시나니(욜 2:13).

성경의 초점

하나님은 어떤 분이신가요?
하나님은 노하기를 더디하시고 사랑과
긍휼이 풍성하신 분이세요.

요나서는 단순히 요나와 큰 물고기에 관한 이야기가 아닙니다. 그 부분도 물론 중요한 요소이지만, 요나 이야기의 중심은 하나님의 연민에 있습니다. 이스라엘 백성뿐 아니라 온 세상 사람들, 심지어 이스라엘에게 있어 최악의 적국까지 불쌍히 여기시는 하나님의 마음 말입니다.

하나님이 요나에게 말씀하셨습니다. "너는 일어나 저 큰 성읍 니느웨로 가서 그것을 향하여 외치라 그 악독이 내 앞에 상달되었음이니라"(욘 1:2). 하나님은 온 땅을 심판하는 분이시며(창 18:25 참조), 모든 나라를 다스리는 주권자이십니다. 니느웨는 아시리아의 수도였고, 아시리아의 통치자들은 악하고 잔인하기로 악명이 높았습니다. 요나가 니느웨 반대편으로 달아난 것은 이상한 일이 아니었습니다.

그러나 하나님의 존전에서 도망칠 수 있는 사람은 아무도 없습니다(시 139:9~10 참조). 물고기 배 속에서 보낸 얼마간의 시간을 통해 하나님은 요나의 마음을 움직이셨습니다. 요나는 마침내 니느웨로 갔습니다. 요나는 사흘 동안 걸을 만큼 큰 도시를 하루 동안 다니며 외쳤습니다. 니느웨 사람들을 향한 요나의 메시지는 간단했습니다. "40일 뒤에 니느웨가 무너진다!"

니느웨 사람들은 즉시 회개했고, 하나님은 심판을 거두셨습니다. 그들의 잘못을 용서하셨고 도시를 무너뜨리지 않으셨습니다. 요나는 어떻게 반응했을까요? 그는 "매우 싫어하고 성내"었습니다(욘 4:1).

하나님은 요나를 꾸짖으시며 자신의 마음을 돌아보게 하셨습니다. 그리고 요나와 우리에게 한 가지 질문을 남기셨습니다. "내가 어찌 아끼지 아니하겠느냐"(욘 4:11).

●●● 티칭 포인트

마태는 예수님이 요나보다 위대한 분이시라고 말했습니다(마 12:41 참조). 예수님은 유대인과 이방인을 가리지 않고 모든 죄인에게 회개하라고 외치셨습니다. 예수님은 요나처럼 말씀만 전하신 것이 아니라 우리를 정말로 사랑하십니다. 하나님의 뜻에 기쁨으로 순종하셨고 우리 죄를 씻기 위해 자기 목숨을 내놓으셨습니다. 복음에는 하나님의 긍휼이 보입니다. 예수님을 주님과 구원자로 믿는 사람은 누구나 용서해 주시기 때문입니다. 아이들에게 하나님이 이 기쁜 구원의 소식을 전하기 위해 우리를 요나처럼 보내신다는 것을 알려 주십시오.

주 제

하나님이 니느웨 사람들을 불쌍히 여기셨어요.

가스펠 링크

요나는 니느웨에 가서 죄에서 돌아서라고 외치라는 하나님의 명령에 마지못해 순종했어요.
그러나 예수님은 하나님의 뜻에 따라 세상을 향해 회개하라고 외치시고, 우리를 죄에서 구원하기 위해 십자가에서 죽기까지 순종하셨어요.

하나님이 요나를 통해 니느웨에 사랑을 전하셨어요 욘 1~4장

하나님이 요나 선지자에게 말씀하셨어요. "일어나 저 큰 성읍 니느웨로 가서 그 도시에 선포하여라. 그 도시의 죄악이 내 앞에까지 이르렀다." 니느웨는 아시리아의 수도였어요. 그곳 사람들은 이스라엘의 적이었지요. 때문에 요나는 니느웨에 가지 않았어요. 오히려 반대쪽으로 가는 배를 탔어요!

하나님이 무서운 폭풍을 보내셨어요. 두려워진 선원들은 누구 때문에 이런 재앙을 만나게 되었는지 제비를 뽑아 알아내기로 했어요. 요나가 제비를 뽑자, 선원들이 요나에게 "당신은 어느 나라 사람이오? 이게 무슨 일이오?"라고 물었어요. 요나는 "나는 이스라엘 사람입니다. 바다와 땅을 만드신 하나님 여호와를 섬기고 있습니다"라고 대답했어요. 선원들이 어찌할 줄 모르자, 요나는 자기를 바다에 던져 넣으라고 말했어요. 선원들이 그의 말대로 하자 폭풍이 멈추었어요. 사람들은 그 모습을 보고 참 하나님을 섬기게 되었어요.

하나님이 큰 물고기를 보내 요나를 삼키게 하셨어요. 요나는 3일 밤낮을 물고기 배 속에 갇혀 있었어요. 그는 물고기를 보내 자신을 살려 주신 하나님께 감사의 기도를 드렸어요. 그러자 물고기가 요나를 마른 땅에 뱉어 냈어요.

하나님이 다시 요나에게 말씀하셨어요. "일어나 저 큰 성읍 니느웨로 가서 내가 네게 전하는 말을 선포하여라." 요나는 니느웨로 가서 "40일 후에 니느웨는 무너질 것이다!"라는 하나님의 말씀을 외쳤어요. 이 말을 들은 니느웨 사람들이 악한 길에서 돌아섰어요. 모든 사람이 굵은 베옷을 입고 음식을 먹지 않았어요. 심지어 니느웨 왕도 잘못을 뉘우쳤어요. 하나님은 니느웨를 무너뜨리지 않기로 하셨어요.

요나는 화가 나 말했어요. "이럴 줄 알았습니다! 하나님은 은혜롭고 동정심이 많으시며 화내기를 더디하시고 사랑은 충만하시며 재앙을 내리는 것을 주저하신다는 것을 내가 알고 있었습니다!" 하나님이 요나에게 "네가 화내는 것이 옳으냐?"라고 물으셨어요.

요나는 니느웨가 잘 보이는 곳에 오두막을 지었어요. 하나님은 요나에게 한 가지 교훈을 주기로 하셨어요. 하나님은 넝쿨이 자라게 해 해를 가릴 수 있는 그늘을 만들어 주셨어요. 요나는 넝쿨 때문에 기분이 좋아졌어요. 하지만 다음날, 하나님은 벌레 한 마리를 보내 넝쿨을 갉아먹게 하셨어요. 넝쿨은 곧 시들어 죽어버렸어요. 넝쿨이 사라지자 요나는 너무 더워 쓰러질 지경이었어요. 요나는 화가 나서 "하나님, 내가 사는 것보다 죽는 것이 낫겠습니다"라고 말했어요.

하나님이 요나에게 물으셨어요. "네가 그 넝쿨 때문에 화내는 것이 옳으냐?" 요나는 "그렇습니다! 화가 나서 죽을 지경입니다"라고 말했어요. 하나님이 말씀하셨어요. "네가 가꾸지도 않고 기르지도 않은 넝쿨을 너는 아꼈다. 하룻밤 사이에 자라나 하룻밤 사이에 죽어버렸는데도 말이다. 그런데 사람들이 12만 명이나 있는 이 큰 성읍 니느웨를 내가 아끼지 않을 수 있겠느냐?"

●● 가스펠 링크

하나님은 요나에게 니느웨에 가라고 하셨어요. 그리고 죄에서 돌이키라고 외치게 하셨어요. 요나는 마지못해 순종했어요. 먼 훗날 하나님은 하나님을 대적한 사람들에게 예수님을 보내 회개를 외치도록 하셨어요. 예수님은 순전하게 순종하셨어요. 예수님은 우리를 죄에서 구원하시기 위해 십자가에서 죽으셨어요.

가스펠 준비 10~20분

환영

도착하는 아이들을 반갑게 맞이하고 헌금, 출석, QT 등을 확인하며 격려한다. 새 친구가 있다면 소개한다. 편안한 분위기에서 안부를 물으며 오늘의 말씀과 관련된 화제로 이야기를 나눈다. 아이들에게 해야 하는 일인 줄 알면서도 일부러 하지 않은 적이 있는지 물어본다. 그 결과는 어땠는지 이야기를 나누어 본다. 자발적으로 대화에 참여하도록 이끈다.

예) "부모님이 시킨 일을 하기 싫었던 적이 있나요?", "해야 할 일을 일부러 하지 않은 적이 있나요?", "그 결과는 어땠나요?" 등.

— 우리는 가끔 해야 하는 줄 알지만, 하고 싶지 않은 일을 하라는 부탁이나 명령을 들을 때가 있어요. 하나님이 우리에게 바라시는 일을 모른 척하고 싶을 때도 있어요. 하지만 해야 할 일을 하지 않거나, 모른 척하는 것은 결국 죄를 짓겠다고 마음먹는 것과 같아요. 도망간다고 문제가 해결되지도 않지요. 오늘 우리는 하나님께 순종하지 않고 도망친 한 사람의 이야기를 듣게 될 거예요.

 마음 열기

상어와 피라미 *

[준비물] 마스킹 테이프

① 예배실 양쪽 끝과 중간 지점에 테이프로 선을 그어 둔다.

② 술래를 한 명 정해 '상어'라고 이름을 지어 준다.

③ 아이들을 예배실의 한쪽 끝에 세우고, 상어는 예배실 한가운데에 아이들을 등지고 서게 한다.

④ 아이들에게 소리 없이 출발 신호를 주면서 상어 몰래 예배실 반대편으로 가라고 한다.

⑤ 상어를 맡은 아이에게는 아이들이 옆을 지나가는 순간 뛰어가서 잡을 수 있다고 말해 준다. 상어에게 잡힌 사람은 상어가 되어 함께 아이들을 잡아야 한다고 말해 준다.

⑥ 무사히 반대편에 도착한 아이들에게 다시 반대편으로 도망가라고 한다.

⑦ 아이들이 상어에게 모두 잡힐 때까지 게임을 계속한다.

— 요나는 하나님께 순종하는 대신 도망치는 쪽을 선택

했어요. 하지만 하나님의 계획은 아무도 막을 수 없어요! 하나님은 폭풍과 큰 물고기를 보내 불순종한 요나가 순종하도록 하셨어요. 과연 어떤 일이 일어났는지 잠시 후에 알아보기로 해요.

즉시 순종해요! *

① 아이들에게 "앉아", "신발 끈 풀어", "손뼉을 3번 쳐"와 같은 지시를 한다.

② 인도자의 지시를 가장 빨리 따르는 아이가 새로 지시하는 사람이 된다.

③ 모든 아이에게 지시할 기회가 돌아갈 수 있도록 제한 시간 안에서 놀이를 계속한다.

— 하나님이 우리에게 무엇을 하라고 말씀하시면 즉시 순종해야 해요. 우리는 하나님의 말씀에 즉시 순종하고 있나요? 오늘 우리는 요나 선지자에 대해 배울 거예요. 과연 요나에게 어떤 일이 일어났을지 함께 들어 보아요.

8 | 하나님이 요나를 통해 니느웨에 사랑을 전하셨어요

가스펠 설교

15~30분

 ## 들어가기

[준비물] 정장(셔츠, 넥타이, 재킷), **이어폰, 대본, 책상, 의자**

정장 차림을 하고, 한쪽 귀에는 이어폰을 끼고 책상에 앉는다. 생방송 준비를 하듯 옷매무새를 가다듬고 머리를 손본다. 카운트다운에 맞추듯 고개를 살짝 돌리다가 대본을 읽기 시작한다.

시청자 여러분 안녕하십니까. 가스펠 뉴스를 시작하겠습니다. 오늘의 첫 소식에는 집채만 한 고래가 등장하는데요. 하나님의 말씀이니 믿으셔도 됩니다. 하지만 소식을 다 듣고 나면 아마 저희 제보자들에게 사실이냐고 묻고 싶어질 것 같습니다. 오늘 소식은 괴팍한 요나 선지자에 관한 것인데요. 제가 왜 이렇게 호들갑을 떠는지 직접 확인해 보세요.

 ## 연대표

이사야가 메시아에 대해 외쳤어요

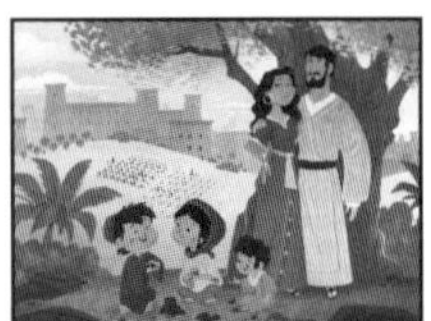

히스기야는 남 유다의 신실한 왕이었어요

하나님이 호세아를 통해 북 이스라엘에 사랑을 전하셨어요

하나님이 요나를 통해 니느웨에 사랑을 전하셨어요

하나님이 요엘을 통해 남 유다에 사랑을 전하셨어요

하나님이 예레미야를 부르셨어요

먼저, 지난주에 전해 드린 소식을 떠올려 보겠습니다. 연대표에서 지난 이야기들을 가리킨다. 우리는 호세아 선지자의 삶을 살

퍼보면서 **하나님은 사랑받을 자격이 없는 사람도 사랑하신다**는 것을 배웠습니다. 호세아가 자기 아내를 따라다닌 것처럼 하나님은 죄인들을 따라다니시지요. 연대표에서 오늘의 성경 이야기를 가리킨다. 이번 주 소식은 여러분이 짐작하신 대로 "하나님이 요나를 통해 니느웨에 사랑을 전하셨어요"입니다.

 ## 성경의 초점

여러분은 혹시 2단원의 '성경의 초점'을 기억하고 있나요? **하나님은 어떤 분이신가요? 하나님은 노하기를 더디하시고 사랑과 긍휼이 풍성하신 분이세요.** 오늘의 성경 이야기를 듣는 동안 하나님이 어떤 분이신지를 꼭 기억하시기 바랍니다.

 ## 성경 이야기

요나 1~4장을 펴고, 설교 영상(지도자용 팩)을 보여 주거나 이야기 성경을 들려준다.

요나는 하나님께 아주 중요한 말씀을 들었지만, 그 말씀을 전하고 싶지 않았어요. 그래서 하나님이 가라고 말씀하신 반대 방향으로 갔지요! 요나의 불순종에도 불구하고, 하나님은 요나를 불쌍히 여기셨고, 다시 한 번 순종할 기회를 주셨어요. 하나님은 폭풍과 거대한 물고기를 보내, 요나의 계획을 하나님의 계획으로 바꾸셨어요.

안타깝게도 요나는 순종한 후에도 하나님의 뜻을 이해하지 못했던 것 같아요. 알다시피 니느웨는 악한 도시였고 북 이스라엘의 적이었어요. 그래서 요나는 하나님의 자비를 받을 자격이 없다고 생각했어요. 음, 사실 자격이 없긴 했어요! 요나는 하나님이 니느웨 사람들을 불쌍히 여기셨을 때 몹시 화가 났어요. 하지만 하나님은 사람을 만드셨고, 사람들을 소중하게 여기세요. 우리는 누구나 하나님의 자비가 필요한 죄인들이에요. **하나님은 노하기를 더디하시고 사랑과 긍휼이 풍성하신 분이세요.** 하나님은 우리에게 예수님을 보내셔서 자비를 베푸셨어요. 우리는 죄 때문에 하나님의 원수가 되었는데도 말이에요. 하나님은 죄인들이 회개하고 돌아오기를 바라세요. 그래서 그 길을 열어 주기 위해 예수님이 십자가에서 죽으시고 다시 살아나셨어요.

1 하나님은 요나에게 어디로 가라고 말씀하셨나요?

니느웨 (욘 1:2)

2 하나님은 요나가 도망가는 것을 어떻게 막으셨나요?

큰바람을 내리시고, 폭풍을 일으키셨다 (욘 1:4)

3 요나는 선원들에게 자기를 어떻게 하라고 말했나요?

바다에 던지라고 말했다 (욘 1:12)

4 요나가 바다에 떨어지자 어떤 일이 일어났나요?

파도가 잠잠해지고, 큰 물고기가 요나를 삼켰다 (욘 1:15~17)

5 요나는 얼마나 오랫동안 물고기 배 속에 있었나요?

3일 밤낮 (욘 1:17)

6 요나가 물고기 배 속에서 하나님께 기도한 뒤 어떤 일이 일어났나요?

물고기가 요나를 육지에 토했다 (욘 2:10)

7 요나는 니느웨의 사람들에게 어떤 소식을 전했나요?

40일이 지나면 니느웨가 무너질 것이라는 소식을 전했다 (욘 3:4)

8 요나가 하나님의 말씀을 전했을 때 니느웨 사람들은 어떻게 했나요?

하나님을 믿고 금식을 선포하고 굵은 베옷을 입었다. 니느웨 왕과 모든 사람이 악한 길에서 돌이켜 회개했다 (욘 3:5~9)

9 하나님은 니느웨 사람들의 행동을 보시고 어떻게 하셨나요?

니느웨에 재앙을 내리지 않으셨다 (욘 3:10)

10 하나님이 니느웨 사람들에게 자비를 베푸시는 것을 본 요나는 기분이 어땠나요?

매우 싫어하고 성냈다 (욘 4:1)

11 하나님은 넝쿨을 사용해 요나에게 교훈을 주셨어요. 넝쿨은 어떻게 되었나요?

하나님이 벌레를 보내 갉아먹게 해 넝쿨이 시들어 죽었다 (욘 4:7)

12 하나님은 어떤 분이신가요?

하나님은 노하기를 더디 하시고 사랑과 긍휼이 풍성하신 분이세요

복음 초청

성경과 121쪽 복음 초청 가이드를 이용해서 아이들에게 그리스도인이 되는 법을 설명해 준다. 따로 상담해 줄 사람을 정해 주고 궁금한 점이 있으면 물어보도록 격려한다.

이 시간 예수님을 마음에 모시고 싶은 친구는 함께 기도해요.

기도

하나님, 성경을 통해 하나님은 모든 것을 하실 수 있으며 사랑과 자비가 풍성하시다는 것을 배웠습니다. 죄인인 우리를 위해 예수님을 보내 하나님의 사랑과 자비를 분명하게 보여 주셔서 감사합니다. 우리도 이웃에게 사랑을 베풀며 살 수 있도록 도와주세요. 예수님의 이름으로 기도합니다. 아멘.

적용

TIP 설교 도입이나 적용으로 활용하거나 영상을 본 뒤 소그룹으로 나누어 풍성한 대화를 이어 갈 수 있습니다.

누군가 여러분을 나쁘게 대한 적 있나요? 그때 그 사람에게 어떤 마음이 들었나요? 다른 사람에게 자비를 베푸는 건 쉬운 일인가요? 아니면 어려운 일인가요? 이 질문들을 생각하며 다음 영상을 함께 보기로 해요.

적용 예화 영상(지도자용 팩)을 보여 준다.

친구가 아니라는 이유로 다른 사람을 돕지 않은 적이 있었나요? 그 사람은 도움받을 자격이 있었나요? 아니라면 왜 그렇게 생각하나요? 요나는 적에게 하나님의 말씀을 전하고 싶지 않았어요. **하나님이 니느웨 사람들을 불쌍히 여기셨을 때**는 화도 냈지요. 하지만 하나님은 모든 사람을 아끼신다고 말씀하세요. 하나님은 죄인들에게도 자비를 베푸세요. 우리가 죄인이었을 때 하나님은 예수님을 보내 우리 대신 죽게 하셨어요. 예수님이 다시 살아나셨을 때 우리에게는 하나님과 함께할 수 있는 길이 열렸어요. 하나님이 우리에게 자비를 베푸셨기 때문에 우리도 다른 사람들에게 자비를 베풀 수 있어요.

가스펠 소그룹

 나침반

서로서로 도와요

[준비물] 시트지, 매직펜

① 시트지를 하트 모양으로 여러 장 자르고, 그 위에 2단원 암송 구절을 아이들 수만큼 어절 단위로 나누어 적어 둔다.

② 아이들이 자신의 하트를 보지 못하도록 등에 하나씩 붙여 준다.

③ 아이들에게 서로의 등에 붙어 있는 하트를 보고 암송 구절 순서대로 줄을 서라고 한다.

④ 단, 순서를 맞추는 동안 서로의 등에 쓰인 구절을 읽어 주어서는 안 된다고 일러 준다.

⑤ 순서대로 줄을 서면 둥글게 큰 원을 만들게 하고, 옆에 있는 아이의 등에 적힌 암송 구절을 서로 읽어 주라고 한다.

— 요나는 북 이스라엘의 적이 구원받는 것이 싫었어요. 하지만 하나님은 요나를 통해 니느웨에 사랑을 전하셨지요. **하나님은 어떤 분이신가요? 하나님은 노하기를 더디하시고 사랑과 긍휼이 풍성하신 분이세요.**

 보물 지도

요나의 흔적을 찾아라

[준비물] 학생용 교재 48쪽, 연필이나 색연필

① 성경 이야기를 간단히 나누고, 지도에 표기된 다시스와 니느웨의 위치를 알려 준다.

② 요나 이야기의 사건 순서대로 번호를 매기고, 요나가 어떤 말을 했을지 말풍선에 적어 보게 한다.

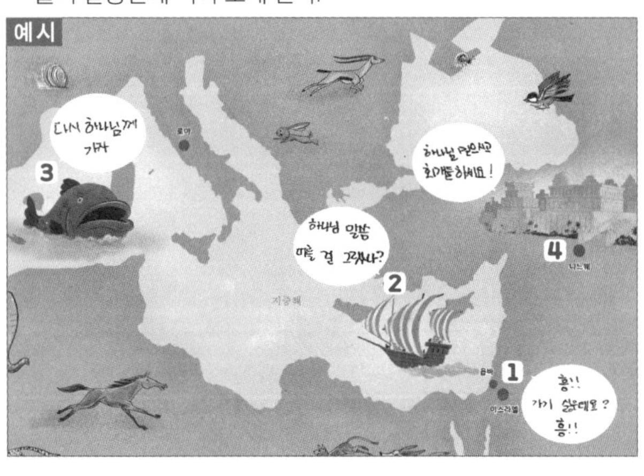

— 오늘의 성경 이야기를 통해 우리는 하나님이 사람들을 얼마나 사랑하시는지 알게 되었어요. 하나님은 불순종하는 사람들까지도 사랑하세요! 요나가 불순종했을 때, 하나님은 요나가 폭풍 속에서 죽게 내버려 두시고 다른 선지자를 세우실 수도 있었어요. 하지만 하나님은 요나를 불쌍히 여기셔서 큰 물고기를 보내셨지요. 순종할 기회를 한 번 더 주신 거예요!

니느웨 사람들의 죄를 생각하면 하나님이 니느웨를 무너뜨리셔도 할 말이 없었어요. 니느웨는 아주 악한 도시였거든요. **하지만 하나님은 니느웨 사람들을 불쌍히 여기셨어요.** 그래서 요나 선지자를 보내 그들에게 경고하셨지요. 하나님이 회개하고 순종할 기회를 주시자 니느웨 사람들은 순종했어요! 우리도 죄인들이에요. 죽어 마땅한 사람들이지요. 그런데도 하나님은 우리에게 죽음을 주시는 대신, 예수님을 보내 용서받을 길을 열어 주셨어요. 하나님이 자비를 베푸셔서 하나님께 다시 돌아갈 기회를 주신 거예요.

 탐험하기

요나는 어디로?

[준비물] 학생용 교재 49쪽, 연필

① 아이들에게 요나가 어디로 가고 있는지 그림을 그려 보라고 한다.

② 요나는 왜 그곳으로 가고 있는지 이야기해 보라고 한다.

— 요나는 니느웨에 가서 죄에서 돌아서라고 외치라는 하나님의 명령에 마지못해 순종했어요. 요나는 하나님이 사랑과 긍휼이 풍성하신 분이시라는 것을 알았어요. 그래서 북이스라엘 백성을 괴롭혔던 니느웨 사람들이 용서받고 구원받게 될 것이 너무나 싫었지요. 죄에서 돌이키라는 하나님 말씀을 전하고 싶지 않았어요. 하지만 하나님의 뜻을 막을 수는 없었어요. 요나는 니느웨로 가서 죄에서 돌아서라고 외쳤고, 사람들은 회개하며 하나님께로 돌아왔어요.

요나를 삼킨 물고기 *

[준비물] A4용지, 사인펜, 색연필

① A4용지를 4등분이 되도록 접고, 아래 그림과 같이 접어둔다.

② 접은 상태로 물고기를 그리고, A4용지를 펼쳐 물고기 이빨과 몸

통을 마저 그리게 한다.

③ 물고기를 색칠하게 하고, 요나를 삼킨 물고기가 얼마나 컸을지 상
   상해 보게 한다.

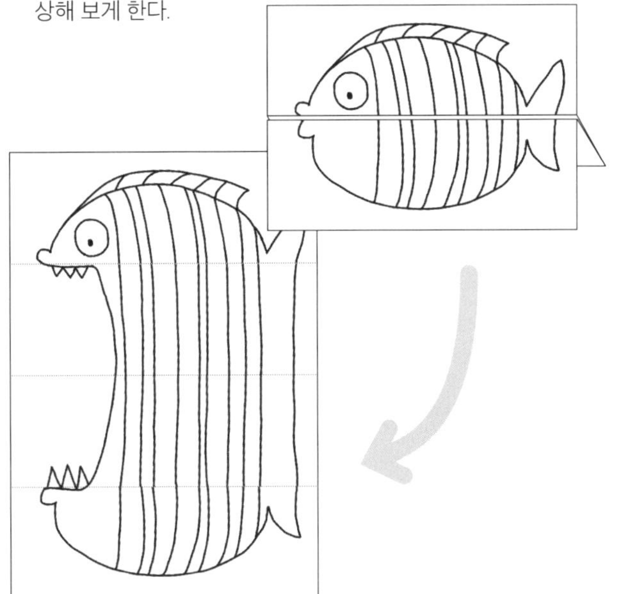

―― 하나님은 하나님의 말씀에 불순종하여 다시스로 가는
요나에게 순종할 수 있는 기회를 주셨어요. 하나님은 큰 물
고기를 보내 요나를 삼키게 하셨고, 3일 밤낮을 물고기 배 속
에 있게 하셨어요. 그때 요나는 하나님께 순종하겠다고 기
도를 드렸어요. 요나는 니느웨로 가서 그들에게 하나님의 사
랑을 전했어요. 그러자 그들은 자신의 죄를 돌이켜 하나님
께 회개했어요. **하나님은 노하기를 더디하시고 사랑과 긍휼
이 풍성하신 분이세요.** 하나님은 모두를 사랑하시고 하나님
께로 돌아오길 바라세요.

바다 만들기 *

[준비물] 투명 페트병, 파란색 식용 색소, 물, 식용유, 접착테이프, 작은 플라스틱
        장난감(물고기, 사람 모양)

① 아이들에게 페트병에 물을 반쯤 채우고, 파란색 식용 색소를 몇
   방울 떨어뜨리라고 한다.

② 페트병의 남은 공간에 식용유를 채우고, 그 안에 장난감을 넣으
   라고 한다.

③ 뚜껑을 닫고 접착테이프를 붙여 잘 막은 후, 병을 양옆으로 살짝
   흔들어 파도를 일으켜 보라고 한다.

―― 요나는 하나님께 순종하는 대신 도망가기로 했어요.
요나는 바다에 빠지고 물고기에게 먹히는 등 불순종한 값을

톡톡히 치렀어요! 하지만 하나님은 요나에게 순종할 기회를
다시 한 번 주셨어요. 요나는 이번에는 하나님의 말씀에 순
종해 니느웨로 갔어요.

예수님은 우리를 죄에서 구원하고 싶으셨어요. 그래서 기꺼
이 하나님의 뜻에 순종해 십자가에서 죽으시고 다시 살아나
셨어요. **하나님은 어떤 분이신가요? 하나님은 노하기를 더
디하시고 사랑과 긍휼이 풍성하신 분이세요.**

🎁 보물 상자

나만의 기록장

[준비물] 학생용 교재 50쪽, 연필

① 주변에 있는 사람 중에 하나님의 자비와 사랑이 필요한 사람이
   있는지 물어본다.

② 그 사람을 위해 하나님께 드리는 기도문을 적어 보게 하고, 함께
   기도하는 시간을 갖는다.

―― 요나는 이스라엘의 적인 니느웨에 가서 그들을 향한
하나님의 진노를 경고하라는 하나님의 말씀을 들었어요. 하
지만 요나는 가기 싫었어요. 원수들이 용서받는 것이 못마
땅했던 거예요! 그러나 **하나님은 니느웨 사람들을 불쌍히 여
기셨어요.** 하나님은 우리를 사랑하시고 우리가 싫어하는 사
람들까지도 사랑하세요. 하나님은 오늘 우리가 기록한 사람
들을 사랑하세요. 우리도 그들을 위해 기도하고, 사랑해야
한다는 것을 기억하세요.

메시지 카드

이번 주 메시지 카드로 부모님과 함께 오늘 배운 성경 이야기를 나
누어 보라고 한다.

기도

사랑이 많으시고 쉽게 화내지 않으시며 죄인들을 불쌍히 여
기시는 하나님을 찬양합니다. 우리를 죄에서 구원하기 위해
하나님께 순종해 십자가에서 돌아가시고 다시 살아나신 예
수님을 기억합니다. 죄인들까지 사랑하시는 하나님의 마음
을 닮아 우리도 이웃들을 사랑할 수 있도록 도와주세요. 예
수님의 이름으로 기도합니다. 아멘.

9 하나님이 요엘을 통해 남 유다에 사랑을 전하셨어요

욜 1~3장

단원 암송

너희는 옷을 찢지 말고 마음을 찢고
너희 하나님 여호와께로 돌아올지어다
그는 은혜로우시며 자비로우시며
노하기를 더디하시며 인애가
크시사 뜻을 돌이켜 재앙을 내리지
아니하시나니(욜 2:13).

성경의 초점

하나님은 어떤 분이신가요?
하나님은 노하기를 더디하시고 사랑과
긍휼이 풍성하신 분이세요.

요엘 선지자가 하나님의 말씀을 전하던 때, 남 유다 왕국은 위기에 직면해 있었습니다. 메뚜기 떼의 습격을 받아 땅이 황폐해졌고, 모든 풀과 나무는 죽어 버렸습니다. 게다가 심한 가뭄까지 찾아와 큰 타격을 받았습니다.

요엘은 이 사건들을 돌아보면서 이것은 단순한 자연재해가 아니라 죄를 지은 하나님의 백성이 심판받는 것이라고 선포했습니다.

신명기 28장에서 하나님은 이렇게 말씀하셨습니다. "네가 만일 네 하나님 여호와의 말씀을 순종하지 아니하여 내가 오늘 네게 명령하는 그의 모든 명령과 규례를 지켜 행하지 아니하면 이 모든 저주가 네게 임하며 네게 이를 것이니"(신 28:15). "네가 많은 종자를 들에 뿌릴지라도 메뚜기가 먹으므로 거둘 것이 적을 것이며"(신 28:38). 이 말씀들에 예언된 일들이 그대로 일어난 것입니다.

이 재앙들은 남 유다를 향한 하나님의 경고였습니다. 요엘은 백성에게 회개하라고 말했습니다. 금식하라고 말했습니다. 함께 모여 회개하고 하나님께 부르짖으며 자비를 구하라고 말했습니다. 요엘은 앞날을 바라보았습니다. 그는 한마디로 이렇게 말했습니다. "지금 처지가 나쁜 것 같습니까? 이제 시작일 뿐입니다!"

남 유다에 대한 하나님의 심판은 끝나지 않았습니다. 여호와의 크고 두려운 날이 다가오고 있었습니다. 그날에 하나님은 쳐들어오는 군대를 통해 자신의 능력을 보이실 것입니다. 하나님과 올바른 관계에 있지 않은 사람들에게 이것은 나쁜 소식이었습니다. 하나님의 능력이 그들과 맞서 싸울 것이기 때문입니다. 그래서 요엘은 백성에게 애원했습니다. "너희는 옷을 찢지 말고 마음을 찢고 너희 하나님 여호와께로 돌아올지어다 그는 은혜로우시며 자비로우시며 노하기를 더디 하시며 인애가 크시사 뜻을 돌이켜 재앙을 내리지 아니하시나니"(욜 2:13).

●● 티칭 포인트

아이들에게 하나님은 하나님의 백성을 불쌍히 여겨 그들을 회복시키기 원하시고, 자기 백성을 벌하기보다 용서하고 싶어 하는 분이심을 설명해 주십시오. 하나님은 사람들이 하나님과 바른 관계를 맺을 수 있게 하시려고 아들이신 예수님을 보내 죽음으로 우리의 죗값을 치르게 하셨습니다. 여호와의 날이 다가오고 있으며, 누구든지 주의 이름을 부르는 자는 구원을 얻는다는 것을 아이들에게 전해 주십시오.

주제

하나님은 하나님의 백성에게 여호와의 날이 이르기 전에 회개하라고 경고하셨어요.

가스펠 링크

여호와의 날은 하나님이 온 세상을 바로잡으시는 날이에요. 하나님은 우리에게 예수님을 보내셨어요. 예수님을 믿고 의지하는 사람은 하나님의 벌을 피할 거예요.

하나님이 요엘을 통해 남 유다에 사랑을 전하셨어요 욜 1~3장

남 유다의 백성에게 큰일이 일어났어요! 심한 가뭄이 찾아온 거예요. 이 가뭄은 사람들이 하나님을 모른 체하고 하나님의 명령에 순종하지 않았기 때문에 생긴 것이었어요. 오래전 하나님은 하나님을 떠나면 어떤 어려움이 찾아올지 백성에게 미리 말씀하셨어요. 그 일이 실제로 일어난 것이지요.

남 유다 땅은 메뚜기 떼의 습격을 받았어요! 한 떼의 메뚜기들이 지나가면 또 다른 메뚜기 떼가 날아왔어요. 메뚜기들은 땅의 풀과 나무를 모두 먹어치웠어요. 들판에는 먹을 것이 하나도 남지 않았지요. 사과나무와 무화과나무, 그리고 석류나무까지 모두 말라죽었어요.

하나님은 남 유다 백성에게 전할 말씀을 요엘 선지자에게 주셨어요. 요엘은 사람들에게 "들어 보십시오. 여러분이 사는 동안 이런 일이 일어난 적이 있습니까?"라고 말했어요.

이렇게 수많은 메뚜기 떼가 남 유다 땅을 뒤덮은 적은 한 번도 없었어요. 하나님이 다른 곳으로 메뚜기 떼를 보내신 적은 있었지요. 어떤 사람들은 하나님의 백성이 이집트에서 탈출할 때의 이야기를 기억했을지도 몰라요. 모세를 통해 하나님의 백성을 구원하실 때, 하나님은 이집트 사람들의 죄를 벌하시기 위해 메뚜기 떼를 보내셨지요. 이제 하나님은 메뚜기 떼를 보내 하나님 백성의 죄를 벌하고 계셨어요.

요엘은 사람들에게 하나님께 용서를 구하라고 말했어요. "하나님의 집으로 모든 사람이 모이게 하십시오! 그리고 하나님께 부르짖으십시오. 여호와의 날이 가까이 다가왔습니다! 하나님이 보내신 심판의 날이 다가오고 있습니다!" 요엘은 하나님을 믿지 않거나 의지하지 않는 사람들에게 여호와의 날은 끔찍한 날이 될 것이라고 말했어요.

계속해서 요엘은 그날이 어떤 모습일지 이야기했어요. 강한 군대가 쳐들어오고, 모든 것이 불타버릴 거예요. 모든 사람이 두려움에 떨고, 아무도 견뎌 내지 못할 거예요.

요엘은 "여러분의 마음을 찢으며 하나님께 돌아오십시오! 하나님은 은혜로우시고 긍휼이 많으시며 화를 내는 데는 더디시고 사랑이 충만하시며 마음을 돌이켜 재앙을 거두기도 하시는 분이십니다!"라고 말했어요.

이제 하나님의 말씀은 그들에게 앞날에 대한 희망을 주었어요. 하나님이 약속하셨어요. "내가 비를 내려주겠다. 풀과 나무가 다시 자랄 것이며, 동물들이 목을 축일 것이다. 그러고 난 후 내가 모든 사람 위에 내 영을 부어 주겠다. 나 여호와의 이름을 부르는 사람은 누구나 구원받을 것이다."

"내가 유다와 예루살렘을 회복시켜 주겠다. 그러나 마지막 심판의 날이 다가오고 있다. 나를 떠난 자를 심판하고, 내 백성의 적들에게 벌을 주겠다. 너희는 내가 너희 하나님인 것을 알게 될 것이다. 죄에서 돌아서는 자를 용서하며, 내 백성과 영원히 함께할 것이다."

● ● ● 가스펠 링크

요엘은 하나님의 백성에게 여호와의 날이 다가오고 있다고 경고했어요. 여호와의 날은 하나님이 적들을 심판하시고, 자기 백성을 풀어 주시며, 온 세상을 바로잡으시는 날이에요. 하나님은 우리에게 예수님을 보내셨어요. 예수님을 믿고 의지하는 사람은 하나님의 벌을 피할 거예요. 예수님이 우리 대신 벌을 받으셨고, 예수님의 의가 우리의 것이 되었기 때문이에요.

환영

도착하는 아이들을 반갑게 맞이하고 헌금, 출석, QT 등을 확인하며 격려한다. 새 친구가 있다면 소개한다. 편안한 분위기에서 안부를 물으며 오늘의 말씀과 관련된 화제로 이야기를 나눈다. 아이들에게 가장 좋아하거나 싫어하는 벌레에 관해 물어본다. 자발적으로 대화에 참여하도록 이끈다.

예) "가장 좋아하는 벌레는 무엇인가요?", "가장 싫어하는 벌레는 무엇인가요?", "메뚜기 떼가 곡식을 다 먹어 치운다는 이야기를 들어 본 적 있나요?" 등.

—— 오늘의 성경 이야기를 보면 메뚜기 떼가 나와요. 하나님이 하나님의 백성에게 벌을 주시려고 보내신 것이지요. 하지만 하나님의 벌은 메뚜기로 끝나지 않았어요. 얼마나 더 무서운 벌이 남아 있는지 잠시 후에 들어 보기로 해요.

마음 열기

메뚜기 술래잡기 *

[준비물] 75cm가량의 스티로폼 막대 4개

① 아이들 중 메뚜기가 되고 싶은 아이를 2명 정한다.

② 2명의 아이에게 스티로폼 막대기를 2개씩 준다.

③ 메뚜기는 스티로폼 막대를 더듬이처럼 이마에 대고 사람들을 잡게 한다.

④ 잡힌 사람은 메뚜기가 되어 떼를 지어 다니며 나머지 아이들을 잡는 일을 돕게 한다.

⑤ 모든 아이가 메뚜기 떼가 되면 게임이 끝난다.

—— 요엘은 남 유다를 뒤덮은 메뚜기 떼에 관해 이야기했어요. 엄청나게 많은 메뚜기가 떼를 지어 날아다니며 사람들이 기른 곡식들을 모두 먹어 치웠어요. 무슨 일이 일어난 것인지 더 자세한 이야기를 들어 보기로 해요.

메뚜기 발사! *

[준비물] 색 도화지, 매직펜, 마스킹 테이프, 일회용 숟가락

① 마스킹 테이프로 예배실 바닥에 과녁을 만든 다음, 몇 발자국 떨어진 곳에 기준선을 그린다.

② 색 도화지를 반으로 잘라 아이들에게 나누어 준다.

③ 아이들에게 종이에 이름을 크게 쓴 다음 구겨서 공을 만들라고 한다.

④ 일회용 숟가락 위에 종이 뭉치를 올려 둔다. 왼손으로는 숟가락의 아래쪽을 잡고, 오른손으로는 숟가락 윗부분을 잡아당겨 과녁으로 폴짝 뛰어가게 던지라고 한다.

⑤ 아이들이 모두 종이 뭉치를 던지고 나면, 종이를 펴서 누가 과녁에 가장 가깝게 던졌는지 확인한다.

—— 하나님은 하나님 백성의 죄를 벌하기 위해 메뚜기 떼를 보내셨어요. 하나님이 백성을 어떻게 벌하시고, 또 어떻게 자비를 베푸셨는지 성경 이야기를 통해 알아보기로 해요.

가스펠 설교

15~30분

 들어가기

[준비물] 정장(셔츠, 넥타이, 재킷), **이어폰, 대본, 책상, 의자, 나팔 또는 호루라기**

정장 차림을 하고, 한쪽 귀에는 이어폰을 끼고 책상에 앉는다. 생방송 준비를 하듯 옷매무새를 가다듬고 머리를 손본다. 카운트다운에 맞추듯 고개를 살짝 돌리다가 대본을 읽기 시작한다. 나팔이나 호루라기를 책상 아래에 미리 숨겨 둔다.

시청자 여러분, 안녕하십니까. 가스펠 뉴스를 시작하겠습니다. 오늘의 첫 소식은, 나팔이나 호루라기를 책상 아래에서 꺼내어 분다. 하! 이건 몰랐을 겁니다. 오늘 소식은 너무 중요해서 어떻게든 여러분의 주의를 집중시키고 싶었습니다!

오늘의 첫 소식은 "하나님이 요엘을 통해 남 유다에 사랑을 전하셨어요"입니다. 메뚜기도 나오고, 하나님의 자비, 그리고 제가 방금 분 나팔소리처럼 깜짝 놀랄 이야기도 들어 있습니다. 아무 데도 가지 마시고, 채널 고정하세요!

연대표

하나님이 호세아를 통해 북 이스라엘에 사랑을 전하셨어요

하나님이 요엘을 통해 남 유다에 사랑을 전하셨어요

하나님이 요나를 통해 니느웨에 사랑을 전하셨어요

하나님이 예레미야를 부르셨어요

지난 두 주간 우리는 호세아와 요나에 관한 소식을 전해 드렸습니다. 어떤 내용이었는지 기억하는 사람 있나요? 아이들의 대답을 기다린다. 정확합니다! **하나님은 사랑받을 자격이 없는 사람도 사랑하신다**는 것과 **하나님이 니느웨 사람들을 불쌍히 여기셨다**는 것을 배웠습니다. 이번 주에 전해 드릴 소식은 하나님의 선지자 요엘이 남 유다에 전한 하나님의 말씀에 관한 것입니다.

 성경의 초점

그 전에 먼저 2단원의 '성경의 초점'을 기억하고 있는지 확인해 보겠습니다. 아이들의 대답을 기다린다. 맞습니다! **하나님은 어떤 분이신가요? 하나님은 노하기를 더디하시고 사랑과 긍휼이 풍성하신 분이세요.** '성경의 초점'을 잘 기억하며 오늘의 성경 이야기를 들어 보세요.

 성경 이야기

요엘 1~3장을 펴고, 설교 영상(지도자용 팩)을 보여 주거나 이야기 성경을 들려준다.

북 이스라엘과 남 유다의 백성은 나쁜 왕들을 거치면서 죄에 빠졌어요. 요엘 선지자가 하나님의 말씀을 전하던 때에 남 유다는 큰 어려움을 겪고 있었어요. 메뚜기 떼가 습격하고 큰 가뭄이 들어 온 나라가 황폐해졌지요. 요엘은 백성의 죄 때문에 하나님이 심판하고 계신 것이라고 말했어요.

하나님은 이 재앙들을 사용해 사람들이 하나님의 말씀에 귀를 기울이게 하셨어요. 요엘은 그들에게 죄를 그만 짓고 하나님께 돌아오라고 말했어요. 만약 회개하지 않으면 강한 군대가 남 유다를 점령하고 아무도 견뎌 내지 못할 날이 다가올 거라고 경고했어요.

하지만 아직 늦지 않았어요. 요엘은 하나님이 사람들을 벌하기보다 용서하고 싶어 하신다고 말했어요. **하나님은 하나님의 백성에게 여호와의 날이 이르기 전에 회개하라고 경고하셨어요.** 여호와의 날이란 하나님이 하나님의 적들을 심판하시고 하나님의 백성을 구하시며 온 세상을 바로잡으실 날이에요.

여호와의 날은 아직도 오고 있어요! 언젠가 하나님은 예수님을 다시 이 땅에 보내서서 하나님을 버린 사람들을 심판하실 거예요. 그날은 갑자기 찾아오기 때문에 언제 그날이 올지는 아무도 몰라요. 예수님을 믿지 않는 사람들에게는 두려운 날, 심판의 날이 될 거예요.

그러나 예수님을 믿고 의지하는 사람들은 구원을 받아요. 하나님은 우리를 너무나 사랑하시기 때문에 구원자를 보내셨어요. 예수님은 이 땅에 오셔서 우리 대신 죗값을 치르셨어요. 이제 여러분이 오늘의 성경 이야기를 얼마나 잘 기억하고 있는지 한번 확인해 볼까요?

복 / 습 / 질 / 문

1 남 유다는 어떤 곤충의 습격을 받았나요?

메뚜기 떼 (욜 1:4)

2 성경에는 하나님이 메뚜기 떼를 보내신 또 다른 이야기가 있어요. 언제였나요?

하나님이 모세를 통해 이스라엘 백성을 이집트에서 구원하실 때, 이집트인들의 죄를 벌하시려고 메뚜기 떼를 보내셨다 (출 10:12~15)

3 요엘은 남 유다 백성에게 어떻게 하라고 말했나요?

굵은 베옷을 입고 울며 하나님 여호와께 용서를 구하라고 말했다 (욜 1:13~14).

4 요엘은 어떤 날이 다가오고 있다고 말했나요?

여호와의 날, 하나님의 더 큰 심판의 날이 임박했다고 말했다 (욜 2:1)

5 요엘은 여호와의 날에 어떤 일이 일어날 것이라고 말했나요?

하나님이 강한 군대를 보내 유다 땅을 점령하게 하실 것이다. 모든 것이 불에 탈 것이다. 모든 사람이 두려워할 것이며, 아무도 견뎌 내지 못할 것이다 (욜 2:2~11)

6 하나님은 어떤 분이신가요?

하나님은 노하기를 더디하시고 사랑과 긍휼이 풍성하신 분이세요

7 구원을 얻는 사람은 누구인가요?

누구든지 여호와의 이름을 부르는 사람은 구원을 얻는다 (욜 2:32)

8 요엘은 하나님 백성의 적에게 어떤 일이 일어날 것이라고 말했나요?

하나님은 하나님 백성의 적들을 심판하고 벌하실 것이다 (욜 3:2, 19)

하나님은 하나님의 백성에게 여호와의 날이 이르기 전에 회개하라고 경고하셨어요. 여호와의 날이 오면 하나님은 적들을 심판하시고, 자기 백성을 자유롭게 하시며, 세상을 다시 바로잡으실 거예요. 그 날에 예수님을 믿고 의지하는 사람들은 하나님의 벌을 피할 거예요. 예수님이 우리 대신 죽으셔서, 예수님의 의가 우리의 것이 되었기 때문이에요.

복음 초청

성경과 121쪽 복음 초청 가이드를 이용해서 아이들에게 그리스도인이 되는 법을 설명해 준다. 따로 상담해 줄 사람을 정해 주고 궁금한 점이 있으면 물어보도록 격려한다.

이 시간 예수님을 마음에 모시고 싶은 친구는 함께 기도해요.

기도

사랑이 많으신 하나님, 하나님께서 베풀어 주신 자비와 사랑에 감사드립니다. 우리를 구원하기 위해 예수님을 보내 주셔서 감사합니다. 우리도 사람들에게 구원의 기쁜 소식을 전할 수 있도록 용기를 주세요. 예수님의 이름으로 기도합니다. 아멘.

적용

TIP 설교 도입이나 적용으로 활용하거나 영상을 본 뒤 소그룹으로 나누어 풍성한 대화를 이어 갈 수 있습니다.

경고를 무시한 적이 있나요? 경고를 무시하면 어떤 일이 생길까요? 다음 영상을 보면서 한번 생각해 보세요.

적용 예화 영상(지도자용 팩)을 보여 준다.

어떤 일을 미루거나 경고를 무시해 뒤늦게 후회한 적이 있는지 물어본다. 그때 기분이 어땠는지 이야기를 나누어 본다.

너무 늦기 전에 해야 하는 일에는 어떤 것들이 있을까요? 하나님은 요엘 선지자를 통해 하나님의 백성에게 여호와의 날이 이르기 전에 회개하라고 경고하셨어요. 우리는 예수님이 언젠가 다시 오신다는 것을 알고 있어요. 하지만 언제인지는 몰라요.

성경은 우리에게 예수님이 오실 그 날을 준비하라고 말해요. 우리는 다른 사람들이 예수님이 오실 그 날을 준비하도록 도와줄 수 있어요. 예수님이 다시 오실 때, 예수님을 맞이하지 않는 사람들은 벌을 받고, 예수님을 믿는 사람들은 구원을 받을 거예요.

가스펠 소그룹

 ## 나침반

하나님은 어떤 분일까?

[준비물] 학생용 교재 54쪽, 연필

① 보기에서 알맞은 단어를 골라 요엘 2장 13절을 완성하게 한다.

② 완성한 문장을 함께 여러 번 반복하여 읽으며 암송하게 한다.

> 너희는 옷 을 찢지 말고 마 음 을 찢고
>
> 너희 하나님 여 호 와 께로 돌아올지어다
>
> 그는 은 혜 로우시며 자 비 로우시며
>
> 노하기를 더디하시며 인 애 가 크시사
>
> 뜻 을 돌이켜 재 앙 을 내리지 아니하시나니
>
> 요엘 2장 13절

—— 거룩하신 하나님은 죄를 미워하시지만, 우리를 사랑하시기 때문에 우리가 회개하기를 바라세요. 회개란 죄에서 돌아서 하나님께 돌아가는 거예요. 하나님은 우리에게 벌을 주시기보다 사랑과 자비를 베풀기를 원하세요. 그래서 예수님을 보내셨지요! 예수님은 우리 죄 때문에 십자가에서 죽으시고 다시 살아나셨어요. 예수님은 우리와 하나님의 관계를 바로잡기 위해 희생 제물이 되신 거예요. 이제 예수님을 믿고 회개하면 하나님과 영원히 함께할 수 있어요!

하트는 어디에? *

[준비물] 하트 모양 포스트잇, 가위, 사인펜

① 하트 모양 포스트잇에 아이들 수만큼 암송 구절을 어절 단위로 나누어 쓰고 번호를 매긴다. 예배실 곳곳에 포스트잇을 숨겨 둔다.

② 아이들에게 번호를 하나씩 정해 주고, 같은 번호를 가진 포스트잇을 찾아보라고 한다.

③ 다른 아이의 번호가 적힌 포스트잇을 발견한 경우에는 친구를 도와줄 수 있다고 말한다.

④ 포스트잇을 모두 찾으면 순서대로 배열해 요엘 2장 13절을 완성해 보라고 한다.

⑤ 완성된 암송 구절을 함께 큰 소리로 읽는다.

—— **하나님은 노하기를 더디하시고 사랑과 긍휼이 풍성하신 분이세요.** 요엘 2장 13절을 보면 옷을 찢지 말고 마음을 찢고, 여호와 하나님께 돌아오라 말씀하세요. 예수님께 나아와 죄를 고백하고, 하나님께로 더욱 가까이 가길 바라요.

 ## 보물 지도

심판 vs 회복 *

[준비물] 화이트보드(전지), 보드마커(매직펜), 성경

① 화이트보드 중간에 선을 긋고, 한쪽에는 '심판' 다른 한쪽에는 '회복'이라고 쓴다.

② 아이들에게 아래의 성경 구절을 하나씩 찾아보게 한다.

③ 한 명씩 자기가 찾은 성경 구절을 읽고 성경 구절이 '심판'과 '회복' 중 어디에 해당하는지 함께 이야기를 나눈다.

④ 읽은 성경의 장과 절을 화이트보드의 알맞은 칸에 적는다.

·요엘 1:6~7 (심판)	·요엘 1:10~12 (심판)	·요엘 1:15~16 (심판)
·요엘 1:19~20 (심판)	·요엘 2:1~2 (심판)	·요엘 2:4~5 (심판)
·요엘 2:6~9 (심판)	·요엘 2:10~11 (심판)	·요엘 2:12~13 (회복)
·요엘 2:14~15 (회복)	·요엘 2:18~19 (회복)	·요엘 2:21~24 (회복)
·요엘 2:25~27 (회복)	·요엘 2:28~30 (회복)	·요엘 2:31~32 (회복)

—— 하나님은 거룩하시고 정의로운 분이세요. 거룩하신 하나님은 죄를 반드시 벌하세요. 하지만 동시에 모든 사람을 사랑하시고 하나님과 다시 하나가 되기를 바라세요. 그래서 아들이신 예수님을 보내 주셨어요. 예수님은 우리가 죄 때문에 받을 모든 심판을 대신 받으셨어요. 이제 우리는 예수님을 통해 의로워질 수 있게 되었어요. 세상에는 아직 죄가 많지만 예수님이 다시 오셔서 모든 것을 새롭게 하실 거예요! 그때 우리는 죄에서 완전히 벗어나 새롭게 될 거예요.

 ## 탐험하기

몇 밤 자면 될까?

[준비물] 학생용 교재 55쪽, 연필

① 아이들에게 앞으로 살면서 어떤 일들이 일어날지 이야기해 보라고 한다.

② 날짜와 그때까지 얼마나 남았는지 적어 보라고 한다.

③ 예수님이 다시 오시는 날 무엇을 하고 있을지를 적게 하고, 적은
   내용을 가지고 함께 이야기를 나눈다.

〓〓〓 하나님은 하나님의 백성이 그들의 죄를 회개하고 하나님께 돌아오기를 바라셨어요. 하나님은 요엘을 선지자로 세우시고 여호와의 날이 다가오고 있다고 선포하게 하셨어요. 하나님은 여호와의 날이 이르기 전에 회개하라고 경고하셨지요. 하나님의 사랑은 예수님을 통해 우리에게 왔어요. 예수님은 우리를 위해 대신 죽으셔서 우리 죄의 문제를 해결하셨어요. 하나님은 우리를 구하시려고 기꺼이 자기 아들을 보내시고 하나님의 은혜와 자비를 보여 주셨어요.

자루 달리기 *

[준비물] 삼베 자루 2개, 의자 2개

① 아이들을 2팀으로 나누고, 예배실 한쪽에 팀별로 줄을 세운다.

② 각 팀에 삼베 자루를 주고, 한 사람씩 자루에 들어가 반대편까지
   깡충깡충 뛰어가 의자를 돌아와야 한다고 말한다.

③ 모든 아이가 먼저 돌아온 팀이 이긴다.

〓〓〓 요엘은 남 유다에 슬픈 소식을 전했어요. 구약 시대 사람들은 힘든 일이 있을 때면 이 자루처럼 거친 천으로 만든 옷을 입었어요. 성경은 이런 옷을 '굵은 베로 만든 옷'이라고 불러요. 누군가 굵은 베옷을 입고 있다면 그 사람이 몹시 슬프다는 표시였어요. 남 유다에 일어난 안 좋은 일들 때문에 사람들은 몹시 슬펐어요. 그래서 하나님은 그들에게 굵은 베옷을 입으라고 말씀하셨어요. 하지만 우리는 알고 있어요. 하나님은 하나님의 백성이 영원히 슬퍼하는 것을 바라지 않으신다는 사실을 말이에요.

도와줘요! 요엘! *

① 아이 중에서 메뚜기(술래)와 요엘(선지자)을 한 명씩 정한다.

② 메뚜기(술래)는 뛰어다니며 아이들을 잡으라고 한다.

③ 메뚜기에게 잡힌 아이들은 그 자리에 앉게 한다.

④ 요엘이 "하나님께 돌아와!"라고 외치며 잡힌 아이들을 터치하면
   다시 놀이에 참여할 수 있다고 알려 준다.

⑤ 술래와 요엘을 새로 정해 놀이를 반복한다.

〓〓〓 하나님은 하나님의 백성이 돌아오기를 바라셨어요.

그래서 메뚜기 떼와 요엘 선지자를 보내셨지요. 요엘은 하나님의 백성에게 여호와의 날이 이르기 전에 회개하라고 외쳤어요. 하나님은 모든 사람을 사랑하세요. 그래서 모든 사람을 용서하고 싶어 하세요. 우리에게는 예수님을 통해 용서받을 수 있는 길이 열려 있어요. 바로 하나님이 주신 선물이지요.

 ## 보물 상자

나만의 기록장

[준비물] 학생용 교재 56쪽, 연필이나 색연필

① 심판의 날이 다가오는 것을 사람들에게 알리는 광고를 만들자
   고 한다.

② 여호와의 날은 예수님이 다시 오셔서 세상을 심판하시고 모든 것
   을 새롭게 하시는 날이라는 것을 떠올려 준다.

〓〓〓 하나님은 거룩하세요. 거룩하신 하나님은 죄를 미워하시지만 사람들을 사랑하세요. 예수님은 우리가 죄의 벌을 받지 않게 하시려고 이 땅에 오셔서 우리 대신 죗값을 치르셨어요. 하나님은 우리가 예수님을 믿고 죄에서 구원받기를 원하세요. 예수님은 이 세상에 다시 오셔서 죄를 없애시고 모든 것을 완전하게 만드실 거예요. 하지만 여호와의 날은 예수님을 믿지 않는 사람들에게는 슬프고 두려운 날이 될 거예요.

메시지 카드

이번 주 메시지 카드로 부모님과 함께 오늘 배운 성경 이야기를 나누어 보라고 한다.

기도

사랑하는 하나님, 하나님의 백성에게 여호와의 날이 이르기 전에 회개하라고 하신 말씀을 들었습니다. 우리를 위해 예수님을 보내 주셔서 감사합니다. 우리의 구원자 되신 예수님을 통해 더욱더 하나님을 알아가고 사랑할 수 있도록 인도해 주세요. 또한 우리의 죄를 고백할 수 있는 믿음을 주세요. 예수님의 이름으로 기도합니다. 아멘.

3^{단원} 새롭게 하시는 하나님

하나님은 예레미야를 통해 죄가 영원히 용서받는 새 언약에 대해 백성에게 말하게 하셨습니다. 하지만 남 유다 백성이 계속해서 죄를 지었고, 결국 바벨론의 포로가 되어 고국을 떠나게 되었습니다. 포로 생활 중에 하나님은 에스겔을 통해 예수님이 오실 것이며 사람들이 새 생명을 찾게 될 것이라고 예언하셨습니다.

하나님이
예레미야를
부르셨어요

예레미야가
새 언약에 대해
예언했어요

The Gospel Project

남 유다 백성이
포로로
잡혀갔어요

에스겔이
앞날의 소망을
이야기했어요

카운트다운 – 복도에서

카운트다운 영상(지도자용 팩)을 틀고 예배 준비 자세를 취하도록 격려한다. 예배가 시작되는 시간에 영상이 끝나도록 맞추어 놓는다. 영상이 끝나기 30초 전에 예배 인도자는 정해진 위치에 서서 조용히 기도하는 모범을 보인다.

무대 배경 – 어린이 박물관

박물관처럼 장식한다. '안내 데스크' 책상을 하나 놓고 바다 속 동물들이나 고대 유물 같은 다양한 물건들을 진열해 두거나 전시 방향을 알리는 표지판을 세워 둔다. 화면에 어린이 박물관 배경 이미지(지도자용 팩)를 띄운다.

10

하나님이 예레미야를 부르셨어요

렘 1장

"내가 너를 모태에 짓기 전에 너를 알았고 네가 배에서 나오기 전에 너를 성별하였고"(렘 1:5상). 이 말씀은 모든 것을 자신의 뜻대로 이루시는 주권자이자 창조주이신 하나님을 드러냅니다.

또한 이 말씀은 예레미야라는 한 사람에 대한 구체적인 부름으로 끝납니다. "너를 여러 나라의 선지자로 세웠노라."

예레미야는 제사장 힐기야의 아들이었습니다. 그는 예루살렘 북부에 살았습니다. 하나님이 그를 선지자로 부르시면서 예레미야의 사역이 시작되었습니다. 그 당시 남 유다의 왕은 요시야였습니다.

구약성경의 인물 중 하나님이 부르신 사람은 또 누가 있을까요? 하나님은 노아를 불러 방주를 짓게 하셨습니다(창 6장 참조). 또 아브람을 불러 고향을 떠나라고 하셨습니다(창 12:1~4 참조). 하나님은 모세를 불러 하나님의 백성을 데리고 이집트를 나가라고 하셨습니다(출 3장 참조).

하나님은 누군가를 부르실 때마다 그 일에 맞는 능력을 함께 주셨습니다. 모세처럼 예레미야도 처음에 주저했습니다. "주 여호와여 보소서 나는 아이라 말할 줄을 알지 못하나이다"(렘 1:6). 하나님은 그런 예레미야에게 함께하겠다고 말씀하시며 안심시켜 주셨습니다(렘 1:8 참조).

하나님은 예레미야를 남 유다의 선지자로 부르셨습니다. 남 유다는 우상 숭배를 비롯한 여러 죄에 깊이 빠져 있었습니다. 하나님의 심판이 다가오고 있었습니다. 예레미야의 임무는 그들에게 경고하는 것이었습니다. 하나님은 예레미야에게 두 가지 환상을 보여 주셨습니다. 첫째는 아몬드나무(살구나무, 개역개정) 가지에 대한 환상으로, 하나님이 심판의 약속을 지키실 것이며 곧 이루어질 것이라는 내용이었습니다. 둘째는 끓는 가마솥에 대한 환상으로, 하나님의 심판이 북쪽에서 올 것이라는 의미였습니다. 하나님은 북쪽의 바벨론을 심판의 도구로 사용할 계획을 갖고 계셨습니다. 그런 다음 하나님은 예레미야를 보내 하나님의 말씀을 선포하게 하셨습니다.

●● 티칭 포인트

아이들이 예레미야의 사역과 예수님의 사역을 연결해 생각할 수 있도록 도와주세요. 하나님은 남 유다 백성에게 죄에 대한 심판을 경고하시려고 예레미야를 부르셨습니다. 예수님이 세상에 오신 이유도 사람들을 죄에서 돌이키시기 위해서였습니다. 예수님은 우리에게 죗값으로 받을 벌에 대해 경고하셨을 뿐만 아니라, 우리를 대신해 직접 그 벌을 받으셨습니다.

주제

하나님이 하나님의 말씀을 전하는 선지자로 예레미야를 택하셨어요.

가스펠 링크

하나님은 예레미야를 불러 죄에 대한 하나님의 말씀을 전하게 하셨어요. 하나님은 처음부터 그들을 죄에서 구원할 계획을 갖고 계셨어요. 하나님은 아들이신 예수님을 보내 하나님이 어떤 분인지 사람들에게 보여 주셨어요.

하나님이 예레미야를 부르셨어요 렘 1장

남 유다 왕국의 백성은 두려웠어요. 북 이스라엘 왕국이 아시리아에 의해 멸망되었기 때문이에요. 남 유다 백성은 자신들이 살아남을 수 있을지 확신할 수 없었어요. 그때 하나님은 예레미야라는 사람을 선지자로 불러 백성에게 말씀을 전하셨어요.

하나님이 예레미야에게 말씀하셨어요. "나는 너를 네 어머니의 배 속에서 만들기 전부터 알았다. 네가 태어나기도 전에 네게 특별한 일을 맡기기로 정해 두었다. 너를 여러 나라의 선지자로 세웠다."

선지자가 된다는 것은 하나님의 말씀을 듣고 그 말씀을 사람들에게 전하는 것을 말해요. 예레미야는 "아닙니다, 하나님. 저는 말을 잘할 줄 모릅니다. 저는 아직 너무나 어립니다"라고 말했어요.

하나님은 "너는 아직 어리다고 말하지 마라. 내가 너를 누구에게 보내든지 너는 그에게 가고, 내가 너에게 무슨 명을 내리든지 너는 그대로 말하여라. 너는 두려워하지 마라. 내가 늘 너와 함께 있으면서 보호해 주겠다"라고 말씀하셨어요.

그러고는 손을 내밀어 예레미야의 입에 대시며 말씀하셨어요. "내가 나의 말을 네 입에 맡긴다. 오늘 내가 여러 민족과 나라들 위에 너를 세우고, 네가 그것들을 뽑으며 허물며, 멸망시키며 파괴하며, 세우며 심게 하겠다."

하나님은 예레미야에게 두 가지 환상을 보여 주셨어요. 환상이란 깨어 있는데도 꿈꾸는 것같이 무언가 보이는 것을 말해요. 하나님이 "예레미야야, 무엇이 보이느냐?"라고 물으셨어요. 예레미야는 "아몬드나무 가지가 보입니다"라고 대답했어요. 아몬드나무 가지는 예레미야를 위한 환상이었어요. 하나님이 하시고자 하는 일을 하실 것이며, 곧 이루어질 것이라는 표시였지요.

다음으로 예레미야는 두 번째 환상을 보았어요. 끓고 있는 가마솥의 모습이었지요. 가마솥은 북쪽에서 남 유다를 향해 끓어 넘치고 있었어요. 이 환상은 심판이 북쪽에서 올 것이라는 의미라고 하나님이 말씀하셨어요. 이제 남 유다의 모든 사람에게 곧 큰일이 닥칠 거예요.

하나님은 예레미야에게 북쪽의 통치자들이 예루살렘 성문 밖에 왕국을 세울 것이라고 말씀하셨어요. 그들은 남 유다의 도시를 공격할 거예요. 그리고 하나님은 백성의 죄를 심판하실 거예요. 그들이 하나님을 떠나 자기들 손으로 만든 신을 섬겼기 때문이에요.

예레미야는 중요한 일을 맡았어요. 하나님은 그를 보낼 준비가 되셨지요. "너는 준비하고 있다가 일어나 내가 네게 명령하는 모든 것을 그들에게 말하여라. 그들을 두려워하지 마라. 그들이 너와 싸우겠지만 너를 이기지 못할 것이다. 내가 너와 함께해 너를 구할 것이기 때문이다."

● ● 가스펠 링크

하나님은 예레미야가 태어나기 전부터 예레미야를 위한 계획을 갖고 계셨어요. 하나님은 예레미야를 불러 죄에 관한 하나님의 말씀을 전하게 하셨어요. 하나님은 오래전부터 아들이신 예수님을 보내 하나님이 어떤 분이신지 사람들에게 보여 주고, 그들을 죄에서 구원할 계획을 갖고 계셨어요.

가스펠 준비

 환영

도착하는 아이들을 반갑게 맞이하고 헌금, 출석, QT 등을 확인하며 격려한다. 새 친구가 있다면 소개한다. 편안한 분위기에서 안부를 물으며 오늘의 말씀과 관련된 화제로 이야기를 나눈다. 아이들에게 태어나서 맨 처음 만난 사람이 누구인지 물어본다. 자발적으로 대화에 참여하도록 이끈다.

예) "내가 태어날 때 나의 옆에 있었던 사람은 누구였을까?" 등.

— 성경은 하나님이 우리의 모든 것을 아신다고 말해요. 언제 일어나고 언제 자는지, 머리카락은 몇 가닥이나 되는지 모든 것을 아신대요! 오늘의 성경 이야기를 통해 태어나기도 전부터 하나님이 알고 계셨던 한 사람에 대해 배우게 될 거예요! 정말 흥미진진하겠지요?

마음 열기

하나님이 선물을 주세요 *

[준비물] 메모지, 연필, 큰 그릇 또는 주머니

① 아이들에게 메모지를 3장씩 나누어 준다.

② 각 메모지에 '자신이 정말 잘하는 일', '아직 할 줄 모르지만 앞으로 배우고 싶은 일', '아직 어려서 할 수 없다고 생각하는 일'을 써 보라고 한다.

③ 종이를 모아 그릇에 담고 잘 섞은 뒤 아이들에게 한 명씩 나와 종이를 3장씩 뽑으라고 한다.

④ 자신이 뽑은 종이가 누가 쓴 것인지 맞혀 보게 한다.

— 하나님은 예레미야가 태어나기도 전에 그를 선택하셨어요! 하나님이 일꾼들을 선택하실 때는 언제나 하나님이 맡기신 일을 잘할 수 있는 능력을 함께 주세요. 하나님은 예레미야를 왜 선택하셨고, 또 그에게 어떤 일을 맡기셨을까요? 잠시 후에 알아보기로 해요.

줄줄이 넘어뜨리기 *

[준비물] 도미노 세트 2개

① 아이들을 2팀으로 나누고, 도미노를 나누어 준다.

② 팀별로 힘을 모아 원하는 모양으로 도미노를 세워 보라고 한다.

③ 도미노가 완성되면 각 팀별로 맨 앞에 있는 도미노 조각을 넘어뜨려 도미노를 쓰러뜨리라고 한다.

— 하나님이 예레미야를 통해 전하신 소식 중 하나는 하나님께 순종하지 않는 나라들을 넘어뜨리겠다는 것이었어요. 하지만 그것이 이야기의 끝은 아니에요! 그 뒷이야기를 얼른 들어 보고 싶군요!

가스펠 설교  15~30분

 들어가기

[준비물] 경비원 복장(검정 바지, 파란색 또는 흰색 셔츠), **경비원 배지, 손전등, 열쇠 꾸러미**

경비원 복장을 하고 가슴에는 배지를 달고 등장한다. 열쇠 꾸러미와 손전등을 들고 예배실을 조심스럽게 살피며 들어온다. 아이들을 보고 깜짝 놀란다.

어이쿠, 깜짝이야! 반가워요. 그런데 여기서 뭐 하고 있어요? 박물관 관람 시간은 이미 끝났어요. 경비원인 제가 알기로 늦은 시간에 견학을 허가해 준 적은 없거든요. 저는 이 박물관에서 일어나는 모든 일을 알고 있어야 해요. 잠깐만요. 혹시 이번에 새로 열리는 성경 전시회를 보러 오셨나요? 음, 원래 이러면 안 되는데. 여러분에게만 특별히 먼저 보여 줄게요. 그래도 여러분에게 자랑할 수 있어서 기분이 좋네요. 사실 전시회는 다음 달부터 시작되거든요. 어쨌든 전 경비원이니까 저를 따라다니는 동안 말썽을 피우면 안 돼요! 알았지요?

 연대표

히스기야는 남 유다의
신실한 왕이었어요

하나님이 호세아를 통해
북 이스라엘에 사랑을
전하셨어요

하나님이 요나를 통해
니느웨에 사랑을
전하셨어요

하나님이 요엘을 통해
남 유다에 사랑을
전하셨어요

오늘의 첫 전시를 보여 드리기 전에 지난 전시를 한 번 살펴볼까요? 연대표에서 지난 성경 이야기들을 가리킨다. 북 이스라엘과 남 유다의 백성은 나쁜 왕들을 여러 명 지나면서 오랫동안 죄 가운데 살았어요. 이제 북 이스라엘 왕국은 아시리아에

점령되었고, 남 유다 왕국은 여전히 죄 가운데 살고 있군요.

하나님이 예레미야를
부르셨어요

예레미야가 새 언약에
대해 예언했어요

오늘의 성경 이야기는 하나님의 선지자 중 한 명인 예레미야에 관한 이야기로 시작해요. 오늘의 성경 이야기를 가리킨다. 제목은 "하나님이 예레미야를 부르셨어요"랍니다.

 성경의 초점

전시를 둘러보는 동안 주의를 집중하고 '성경의 초점'의 질문에 대한 답을 찾아보세요. '성경의 초점'의 질문은 **"우리는 왜 하나님께 순종해야 하나요?"**예요. 참 좋은 질문이군요. 오늘의 성경 이야기를 잘 듣고 답을 찾아보세요.

성경 이야기

예레미야 1장을 펴고, 설교 영상(지도자용 팩)을 보여 주거나 이야기 성경을 들려준다.

이때는 남 유다에 살던 백성에게 중요한 시기였어요. 하나님께 순종하지 않은 북 이스라엘은 아시리아에 의해 멸망했고, 남 유다 백성은 하나님이 아닌 가짜 신들을 섬기고 있었어요. 하나님은 남 유다 백성이 하나님께 돌아와 순종하기를 바라셨어요. 그렇지 않으면 그들도 북 이스라엘처럼 벌을 받게 될 테니까요. 하나님은 그들을 불쌍히 여기시고 오래 참으셨어요.

하나님이 하나님의 말씀을 전하는 선지자로 예레미야를 택하셨어요. 예레미야는 원래 제사장이었지만 이제는 하나님의 말씀을 전하는 선지자가 되었어요. 예레미야는 사람들이 아직 어린 자신의 말을 듣지 않을까 봐 걱정했어요. 하나님이 다른 사람을 선택하시는 것이 더 나을 거라고 생각했어요. 하지만 하나님은 실수하지 않으세요. 예레미야가 태어나기 전부터 그를 위한 계획을 갖고 계셨지요. 하나님은 예

레미야를 사랑하셨어요. 하나님은 예레미야를 부르셔서 죄에 대한 하나님의 말씀을 전하게 하셨어요. 그리고 예레미야는 하나님의 말씀에 순종했어요.

하나님은 우리를 위한 계획도 갖고 계셨어요. 아들이신 예수님을 보내 하나님이 어떤 분인지 보여 주시고, 우리를 죄에서 구할 계획이었지요. 예수님은 우리의 죗값을 대신 치르기 위해 십자가에서 죽으셨어요. 그리고 다시 살아나셔서 우리에게 구원받을 길을 열어 주셨어요. **우리는 왜 하나님께 순종해야 하나요? 하나님이 우리를 사랑하시기 때문이에요.**

 ### 찬양

하나님의 새 약속

나를 향한 하나님 약속
마음에 새겨주신 하나님의 법
죄로 물든 맘 새롭게 바꾸사
하나님 명령 순종할 힘을 주시네

마른 뼈가 살아나리 주님 나와 함께하리
나를 사랑하시네
주의 영이 내 안에 나의 하나님 되시네
나는 주의 소유가 되리라
주의 백성 되리라.

 ※지도자용 팩 또는 가스펠 프로젝트 홈페이지(gospelproject.co.kr)에서 이용하세요.

 ### 복음 초청

싱경과 121쪽 복음 초청 가이드를 이용해서 아이들에게 그리스도인이 되는 법을 설명해 준다. 따로 상담해 줄 사람을 정해 주고 궁금한 점이 있으면 물어보도록 격려한다.

이 시간 예수님을 마음에 모시고 싶은 친구는 함께 기도해요.

 ### 기도

하나님, 하나님은 언제나 최고의 계획을 갖고 계십니다. 하나님의 계획은 우리가 생각하거나 구하는 그 어떤 것보다 더 좋습니다. 우리가 하나님을 믿고 의지하며 하나님께 순종할 수 있도록 인도해 주세요. 하나님이 우리를 얼마나 사랑하시는지 깨달을 수 있도록 도와주세요. 하나님께 영광을 돌리며, 하나님의 뜻을 이루는 일에 우리를 사용해 주세요. 예수님의 이름으로 기도합니다. 아멘.

적용

TIP 설교 도입이나 적용으로 활용하거나 영상을 본 뒤 소그룹에서 풍성한 대화를 이어 갈 수 있습니다.

하나님이 우리의 인생을 위해 어떤 계획을 세우고 계신지 생각해 본 적 있나요? 아이들의 대답을 기다린다. 그런 생각을 하면서 다음 영상을 함께 보아요.

적용 예화 영상(지도자용 팩)을 보여 준다.

하나님은 예레미야가 태어나기 전부터 그를 위한 계획을 갖고 계셨어요. 하나님의 계획은 언제나 좋고 믿을 수 있어요. 하나님은 하나님의 백성이 하나님께 영광을 돌리며 복음을 전하기를 바라세요. 하나님이 우리를 어떻게 사용하실지 우리가 정확하게 알 수는 없어요. 하지만 하나님의 뜻을 이루기 위해 우리를 사용하실 것이라는 점은 분명해요. **우리는 왜 하나님께 순종해야 하나요? 하나님이 우리를 사랑하시기 때문이에요.**

가스펠 소그룹

나침반

말씀을 찾아서

"그 날 후에 내가 이스라엘 집과 맺을 언약은 이러하니 곧 내가 나의 법을 그들의 속에 두며 그들의 마음에 기록하여 나는 그들의 하나님이 되고 그들은 내 백성이 될 것이라 여호와의 말씀이니라"(렘 31:33).

[준비물] 학생용 교재 60쪽, 연필

① 아이들에게 비숍은 대각선으로만 움직일 수 있다고 알려 준다.

　TIP 대각선의 의미를 모르는 아이들에게는 시범을 보여 의미를 가르쳐 준다.

② 비숍이 이동할 수 있는 범위에 있는 단어들을 찾아 빈칸에 알맞게 넣어 예레미야 31장 33절 말씀을 완성해 보라고 한다.

그 날 후에 내가 [이][스][라][엘] 집과
맺을 [언][약]은 이러하니 곧 내가 나의 [법]을
그들의 속에 두며 그들의 [마][음]에 기록하여
나는 그들의 [하][나][님]이 되고 그들은
내 [백][성]이 될 것이라 [여][호][와]의 말씀이니라

예레미야 31장 33절

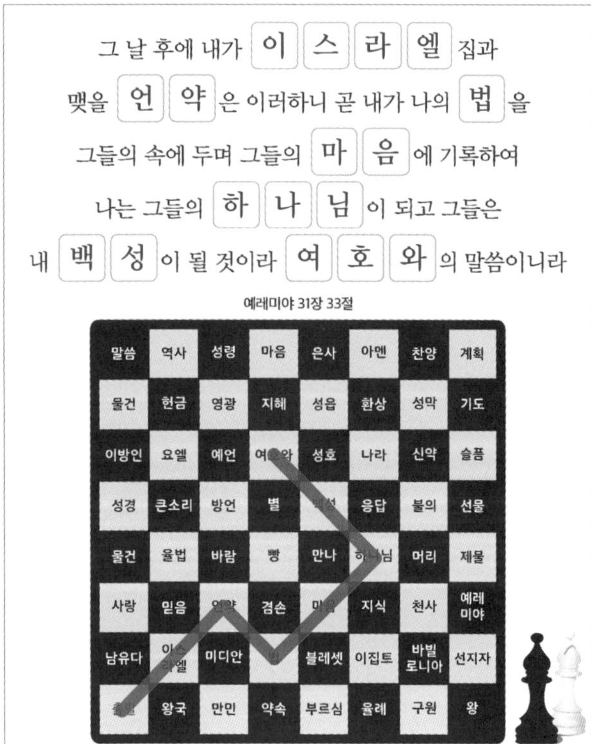

말씀	역사	성령	마음	은사	아멘	찬양	계획
물건	헌금	영광	지혜	성읍	환상	성막	기도
이방인	요엘	예언	여호와	성호	나라	신약	슬픔
성경	큰소리	방언	별	백성	응답	불의	선물
물건	율법	바람	빵	만나	하나님	머리	제물
사랑	믿음	언약	겸손	마음	지식	천사	예레미야
남유다	이스라엘	미디안	법	블레셋	이집트	바빌로니아	선지자
말씀	왕국	만민	약속	부르심	율례	구원	왕

ㅡㅡ 오늘 성경 구절을 보면 하나님은 이스라엘 백성과 언약을 맺는다고 말씀하세요. 하나님의 법을 그들의 속에 두며 마음에 기록하시지요. 우리도 하나님의 말씀을 마음에 두는 하나님의 백성이 되길 바라요.

보물 지도

[준비물] 탱탱볼, 성경

① 한 아이에게 공을 주고, 공을 받은 아이는 인도자의 질문에 답을 해야 한다고 말해 준다.

② 답을 잘하지 못하면 성경의 장과 절을 알려 주고 아이들이 성경에서 답을 찾을 수 있도록 도와준다.

1 하나님이 예레미야를 처음 부르셨을 때, 남 유다의 왕은 누구였나요?
요시야 (렘 1:2)

2 예레미야는 선지자가 되기 전에 어떤 일을 했나요?
제사장 (렘 1:1)

3 하나님은 언제 예레미야를 선지자로 선택하셨나요?
예레미야가 태어나기 전에 여러 나라의 선지자로 선택하셨다 (렘 1:5)

4 예레미야가 자신은 선지자가 될 수 없다고 생각했던 이유는 무엇인가요?
자신은 아이라 말할 줄을 알지 못한다고 말했다 (렘 1:6)

5 하나님이 예레미야의 입을 만지시며 하신 일은 무엇인가요?
예레미야에게 "내가 내 말을 네 입에 두었노라"라고 말씀하셨다 (렘 1:9)

6 하나님은 예레미야에게 어떤 책임을 맡기셨나요?
여러 나라와 여러 왕국의 선지자로서의 책임 (렘 1:10)

7 예레미야가 처음 본 환상은 무엇이며, 그 뜻은 무엇이었나요?
아몬드나무(살구나무) 가지를 보았으며, 하나님이 말씀하신 것을 반드시 이루신다는 뜻이다 (렘 1:11~12)

8 예레미야가 다음으로 본 환상은 무엇이며, 그 뜻은 무엇이었나요?
끓는 가마솥이 북쪽에서 남쪽으로 기울어지는 것을 보았으며, 이는 재앙이 북쪽에서부터 남 유다의 모든 사람에게 올 것이라는 뜻이다 (렘 1:13~15)

9 하나님은 예레미야에게 두려워하지 말라고 하시며 어떤 약속을 하셨나요?
예레미야와 함께하며 구원하시겠다고 약속하셨다 (렘 1:17~19)

ㅡㅡ 하나님은 예레미야에게 여러 나라와 여러 왕국에 대한 책임을 맡기셨어요. 그렇다고 예레미야가 왕이 된다는 것은 아니에요. 여러 나라와 여러 왕국에 하나님의 참된 말씀을 전하게 될 것이라는 의미였지요. 그는 하나님의 말씀을 전하는 하나님의 선지자이기 때문이에요.

이 세상에 태어나기 전에 하나님의 선택을 받았던 또 한 명

의 선지자가 있어요. 바로 예수님이에요! 하나님은 예수님을 보내 사람들을 죄에서 구하시고 하나님이 어떤 분이신지 보여 줄 계획을 갖고 계셨어요. 예수님은 하나님의 말씀을 전하셨어요. 그리고 우리를 죄에서 구하기 위해 십자가에서 죽으시고 다시 살아나셔서 우리가 하나님께 돌아갈 수 있는 길을 열어 주셨어요.

 탐험하기

무엇이 될까요?

[준비물] 학생용 교재 61쪽, 연필이나 색연필

① 아이들에게 각 동물의 알이 자라 어떤 모습이 될지 알맞게 연결해 보라고 한다.

② 하나님의 부르심을 받은 어린 예레미야에게 격려의 편지를 써 보게 한다.

—— **하나님이 하나님의 말씀을 전하는 선지자로 예레미야를 택하셨어요.** 예레미야는 하나님의 선지자가 되는 것이 두려웠어요. 자신이 아직 어리다고 생각했기 때문이에요. 하지만 하나님은 하나님의 뜻을 위해 어린 사람도 사용하세요. 하나님은 우리도 사용하실 수 있어요.

미래의 나는 *

[준비물] 마분지(하드보드지), 다양한 미술도구(리본, 풀, 사인펜, 색연필, 색종이 등)

① 마분지를 가로 20cm, 세로 15cm 정도의 크기로 아이들 수만큼 잘라 둔다.

② 아이들에게 마분지를 나누어 주고, 미래에 나는 하나님을 위해 어떤 모습으로 살고 있을지 생각해 보라고 한다.

③ 미래의 나의 방에 매달 문패에 들어갈 글을 써 보라고 한다.

예) 선교사 ○○○의 방, 하나님의 영광을 위해 사는 ○○○의 방 등.

③ 미술 도구들을 이용해 문패를 꾸며 보라고 한다.

—— 하나님은 우리의 모든 것을 아세요. 하나님이 예레미야를 하나님의 말씀을 전하는 선지자로 세우신 것처럼 하나님은 하나님의 뜻을 이루기 위해 우리를 사용하세요! 문패를 볼 때마다 하나님이 우리를 아시고 우리를 사랑하시며 우리를 특별하게 사용하실 거라는 사실을 꼭 기억하세요.

 보물 상자

나만의 기록장

[준비물] 학생용 교재 62쪽, 연필이나 색연필

① 아이들에게 하나님이 나를 어떤 일에 어떤 모습으로 사용하실 것 같은지 그림이나 글로 표현해 보라고 한다.

② 하나님은 하나님의 뜻을 이루기 위해 나이와 상관없이 사람을 사용하신다는 것을 말해 준다.

—— 하나님은 우리를 사랑하시고 우리에게 가장 좋은 것을 주고 싶어 하세요. 이제 우리는 하나님을 믿고, 하나님께 순종하면 되는 거예요! 우리가 어떤 사람이든 하나님은 우리의 모든 것을 사용하실 수 있다는 사실을 기억하세요. 우리의 나이가 많든 적든 하나님은 우리를 사용하실 수 있어요. 하나님은 사람들에게 하나님에 대해 어떻게 전해야 할지 우리에게 알려 주실 거예요.

메시지 카드 만들기

이번 주 메시지 카드로 부모님과 함께 오늘 배운 성경 이야기를 나누어 보라고 한다.

기도

하나님, 오늘 말씀을 통해 하나님이 예레미야가 태어나기 전부터 하나님의 뜻을 위해 그를 선택하셨다는 것을 배웠습니다. 우리가 태어나기도 전에 우리를 구원하기 위해 예수님을 보내 주셔서 감사합니다. 하나님의 뜻을 위해 우리를 부르실 때 순종하는 우리가 되도록 인도해 주세요. 예수님의 이름으로 기도합니다. 아멘.

11

예레미야가
새 언약에 대해
예언했어요

렘 17:1~10; 31:31~34

하나님은 이스라엘 백성을 이집트의 노예 생활에서 구해 내신 직후, 시내산에서 그들과 언약을 맺으셨습니다. 이 언약의 내용은 출애굽기 19장에 나와 있습니다.

하나님은 모세를 통해 이렇게 말씀하셨습니다. "너희가 내 말을 잘 듣고 내 언약을 지키면 너희는 모든 민족 중에서 내 소유가 되겠고 너희가 내게 대하여 제사장 나라가 되며 거룩한 백성이 되리라"(출 19:5~6). 하나님의 백성은 이렇게 대답했습니다. "여호와께서 명령하신 대로 우리가 다 행하리이다"(출 19:8).

그러나 이스라엘 백성은 여호와께서 명령하신 대로 행하지 않았습니다. 하나님이 법을 주셨지만, 그것을 지킬 수 없었습니다. 그들의 마음이 죄로 물들었기 때문입니다. 하나님은 반역한 백성에게 벌을 내리셨고, 북 이스라엘 백성은 결국 유배를 떠나야 했습니다. 하지만 하나님은 신실하셔서 다윗의 집안을 영원히 세우겠다는 약속을 지키셨습니다.

예레미야 시대의 남 유다 백성도 이전 시대에 살던 조상과 마찬가지로 언약을 깨뜨렸습니다. 예레미야는 새 언약에 관해 이야기했습니다. 그는 하나님이 장차 죄를 용서하시고 하나님의 법을 백성의 마음에 쓰실 어떤 날에 대해 예언했습니다. 이 예언은 예수님 안에서 성취되었습니다.

예수님은 율법을 없애려고 오신 것이 아닙니다(마 5:17 참조). 예수님은 자신의 죄 없는 삶을 통해 옛 언약의 모든 요구를 충족하셨습니다.

새 언약은 하나님이 죄를 용서하실 것이라는 약속입니다. 하나님은 아들이신 예수님을 통해 죄를 용서하십니다. 그리고 성령 하나님을 통해 우리의 마음을 바꾸시고 하나님의 명령에 순종할 힘을 주십니다.

● ● 티칭 포인트

죄로 물든 마음은 하나님의 말씀에 순종하지 못하게 합니다. 하나님은 예수님께 우리의 죗값을 치르게 하셨습니다. 예수님을 믿을 때 하나님이 우리의 죄를 용서하시며, 우리의 마음을 바꾸시고, 하나님의 말씀에 순종하게 하신다는 것을 아이들에게 알려 주십시오.

주 제

하나님은 예레미야에게 새 언약에 대해 선포하라고 하셨어요.

가스펠 링크

예레미야는 하나님이 죄를 용서하시고 사람들의 마음을 새롭게 바꾸실 것이라고 예언했어요.
예수님이 이 말씀을 이루셨어요.

예레미야가 새 언약에 대해 예언했어요 렘 17:1~10, 31:31~34

하나님이 예레미야를 선지자로 부르셨어요. 하나님은 예레미야를 통해 무엇인가 크게 잘못되었다고 말씀하셨어요. 남 유다 백성은 아무리 노력해도 하나님의 말씀을 잘 지킬 수가 없었어요. 하지만 하나님은 백성을 위한 놀라운 계획을 갖고 계셨어요.

하나님은 남 유다 백성에게 심각한 죄의 문제가 있다고 말씀하셨어요. 죄의 문제는 그냥 사라지지 않아요. 마치 돌에 새긴 글씨처럼 영원히 남아 있지요. 그리고 죄는 점점 퍼져 나가요. 이 문제가 해결되지 않는 한 모든 사람이 죄라는 병에 걸리게 되지요.

하나님은 예레미야를 통해 죄에는 결과가 따른다는 것을 알려 주셨어요. 하나님은 오래전에 하나님의 백성과 언약을 맺으셨어요. 하나님께 순종하면 복을 주시고, 순종하지 않으면 그들의 죄를 벌하시겠다는 언약 말이에요. 하지만 백성은 하나님 말씀에 순종하지 않았고, 하나님은 그들의 죄를 벌하셨어요. 하나님은 백성이 땅과 재물과 자유를 잃게 될 것이라고 말씀하셨어요.

하나님은 사람들이 비뚤어진 마음을 갖고 있다고 말씀하셨어요. 꾀를 부리고 속이는 정직하지 않은 마음이지요. 이 마음은 사람들이 자기 자신을 원래보다 더 좋은 사람이라고 생각하도록 속여요. 그리고 하나님이 좋지 않게 여기시는 것들을 바라게 하고, 행동하게 만들어요.

하지만 하나님은 사람들의 비뚤어진 마음에 속지 않으세요. 오히려 그 마음을 바꾸어 주시지요. 하나님은 사람들이 죄에서 구원받을 수 있도록, 새롭고 더 나은 언약을 맺겠다고 하셨어요.

새 언약은 옛 언약과 달라요. 옛 언약에서 하나님의 명령은 글로 쓰여 있었어요. 사람들은 하나님의 명령을 어겼고, 죄를 용서받기 위해 희생 제물을 드려야 했어요. 하지만 하나님이 새 언약을 맺으실 때는 하나님의 법을 사람들의 마음에 쓰실 거예요. 그리고 하나님의 백성에게 명령을 지킬 힘도 주실 거예요. 하나님은 이렇게 말씀하셨어요. "내가 그들의 죄를 용서하고 그들의 죄를 더 이상 기억하지 않을 것이다"(렘 31:34).

● ● 가스펠 링크

예레미야는 하나님이 죄를 용서하시고 사람들의 마음을 새롭게 바꾸실 어떤 날에 관해 이야기했어요. 예수님이 이 말씀을 이루셨어요. 하나님은 하나님의 아들 예수님을 통해 죄를 용서하세요. 그리고 성령님을 통해 우리를 새롭게 하시고 하나님의 명령에 순종할 힘을 주세요.

가스펠 준비

10~20분

환영

도착하는 아이들을 반갑게 맞이하고 헌금, 출석, QT 등을 확인하며 격려한다. 새 친구가 있다면 소개한다. 편안한 분위기에서 안부를 물으며 오늘의 말씀과 관련된 화제로 이야기를 나눈다. 아이들에게 언약이 무엇인지 물어본다. 이전에 언약에 대해 배웠던 것 중 기억나는 것이 있는지 물어본다. 자발적으로 대화에 참여하도록 이끈다.

예) "언약이 무엇인가요?", "성경에 있는 언약에 관한 이야기 중 생각나는 것이 있나요?", "친구와의 약속을 지키지 못한 적이 있나요?" 등.

하나님은 우리에게 약속하시고 그 약속을 꼭 지키는 분이에요. 오늘 성경 이야기에서 하나님은 모세와 맺으신 언약 대신 새 언약을 맺으셨어요. 하나님이 주신 새로운 약속은 어떤 것인지 함께 살펴보기로 해요.

마음 열기

새로운 규칙으로 공 전달하기*

[준비물] 탱탱볼, 스톱워치

① 아이들을 한 줄로 세운다.

② 맨 앞에 있는 아이에게 공을 주고, 머리 위로 공을 넘겨 다음 사람에게 건네주라고 한다.

③ 다음 사람은 공을 다리 사이로 통과시켜 다음 사람에게 건네주라고 한다.

④ 다음 사람은 머리 위로, 그다음 사람은 다리 사이로 건네며 끝까지 공을 전달하게 한다.

⑤ 얼마나 걸렸는지 시간을 확인하고 공을 건네는 방법을 바꾸어 다시 처음부터 시작한다.

예) 머리 위로, 한쪽 다리로 서서, 왼쪽 오른쪽 번갈아가며 등 다양하게 제시한다.

변화를 따라가는 것이 힘든 경우도 있어요. 일을 더 복잡하게 만들기도 하고요. 하지만 오늘 성경 이야기에서 하나님이 하나님의 백성에게 주시려는 변화는 좋은 변화였어요. 과연 하나님은 하나님의 백성에게 어떤 변화를 주시려고 했을지 함께 살펴보아요.

더 좋게 더 멋지게 *

[준비물] A4 용지, 연필, 오래된 물건(구형 핸드폰, 오래된 시계 등)

① 지금은 잘 사용하지 않는 오래된 물건을 여러 개 준비해 둔다.

② 아이들에게 물건들을 보여 주고, 더 좋게 바꿀 방법이 있는지 생각해 보라고 한다.

③ 오래된 물건을 새롭게 바꿀 방법을 종이에 적으라고 한다.

④ 어떤 부분을 어떻게 바꾸었는지 이야기해 보라고 한다.

오늘 우리는 성경 이야기를 통해 예레미야 선지자가 새로운 것에 대해 예언하는 것을 듣게 될 거예요. 예레미야는 하나님이 하나님의 백성과 새로운 언약을 맺으실 것이라고 말했어요. 새로운 언약은 무엇일까요? 오늘의 성경 이야기를 통해 함께 알아보아요.

11 | 예레미야가 새 언약에 대해 예언했어요

가스펠 설교

 ## 들어가기

[준비물] 경비원 복장(검정 바지, 파란색 또는 흰색 셔츠), **경비원 배지, 손전등, 열쇠 꾸러미**

경비원 복장을 하고 가슴에는 배지를 달고 등장한다. 열쇠 꾸러미와 손전등을 들고 예배실을 조심스럽게 살피며 들어온다. 아이들을 발견한다.

이런, 이런, 이런. 도저히 다시 오지않고는 참을 수가 없었나 보군요. 어쩐지 여러분을 또 볼 것 같은 느낌이 들었어요. 이렇게 흥미진진한 전시회를 일부만 보고 그냥 넘어간다면 아쉬운 일이지요. 걱정하지 마세요. 여러분이 원한다면 전시회를 더 볼 수 있도록 제가 안내해 드릴 테니까요. 그게 박물관의 좋은 점 아니겠어요? 언제나 배울 것이 남아 있다! 그리고 밤에는 줄을 설 필요도 없지요!

 ## 연대표

지난 시간 우리는 **하나님이 하나님의 말씀을 전하는 선지자로 예레미야를 택하신** 이야기를 배웠어요. 연대표에서 오늘의성경 이야기를 가리킨다. 이번 주에는 "예레미야가 새 언약에 대해 예언했어요"를 배울 거예요. 기억하세요. 성경에서 '예언'은 '하나님으로부터 받은 말씀을 사람들에게 전하는 일'이라는 의미에요.

 ## 성경의 초점

관람을 시작하기 전에 '성경의 초점'을 복습해 볼까요? '성경의 초점'은 우리가 다음 전시를 관람하는 동안 길잡이가 되어 줄 거예요. **우리는 왜 하나님께 순종해야 하나요? 하나님이 우리를 사랑하시기 때문이에요.** 성경 이야기를 듣는 동안 '성경의 초점'을 꼭 기억하세요.

 ## 성경 이야기

예레미야 17장 1~10절과 31장 31~34절을 펴고, 설교 영상(지도자용 팩)을 보여 주거나 이야기 성경을 들려준다.

하나님이 정말 놀라운 소식을 주셨군요! 이전에 배운 성경 이야기들을 보면 하나님은 하나님의 백성과 많은 언약을 맺으셨어요. 옛 언약이란 하나님이 모세를 통해 하나님의 백성을 이집트에서 데리고 나오신 후 맺으셨던 언약을 말해요. 십계명이나 죄를 씻는 희생 제물에 관한 하나님의 법들이 옛 언약에 들어 있었지요.

오늘의 성경 이야기에서 하나님은 새 언약을 맺겠다고 약속하셨어요. 순종해야 할 새 규칙이 더 생겼다는 말이 아니에요. 새 언약 아래에서는 사람들이 하나님께 순종하고 하나님을 섬길 수 있도록 하나님이 그들의 마음을 바꾸실 것이라는 말이에요.

예레미야가 예언한 대로 예수님은 언약을 이루셨어요. 우리가 용서받을 길을 열어 주신 것이지요. 우리가 예수님을 믿고 의지하면 하나님은 우리에게 성령님을 보내 주세요. 성령님은 우리가 하나님께 순종할 수 있도록 도와주세요. 우리의 삶을 인도하시고 우리에게 새로운 마음을 주시지요.

복 / 습 / 질 / 문

1 남 유다 백성에게는 어떤 문제가 있었나요?

죄의 문제 (렘 17:1)

2 예레미야는 남 유다 백성이 죄 때문에 무엇을 잃게 될 것이라고 말했나요?

그들의 재산, 보물, 산당, 기업 또는 땅 (렘 17:3~4)

3 예레미야는 사람들의 마음을 어떻게 묘사했나요?

사람들의 마음이 거짓되고 부패했다고 말했다. 또는 사람들의 마음

이 비뚤어졌다고 말했다 (렘 17:9)

4 하나님은 사람들의 마음을 바꾸기 위해 어떤 계획을 세우셨나요?

새 언약을 맺겠다고 하셨다 (렘 31:31)

5 옛 언약과 새 언약의 차이점은 무엇인가요?

옛 언약에서는 하나님의 법이 글로 쓰여 있었고, 사람들은 제사를 드렸다. 새 언약에서는 하나님의 법이 사람들의 마음에 기록될 것이다 (렘 31:32~33)

6 오늘 성경 이야기의 끝부분에서 하나님은 무슨 약속을 하셨나요?

하나님은 백성의 악행을 사하시고 다시는 그 죄를 기억하지 않겠다고 약속하셨다 (렘 31:34)

 ## 복음 초청

성경과 121쪽 복음 초청 가이드를 이용해서 아이들에게 그리스도인이 되는 법을 설명해 준다. 따로 상담해 줄 사람을 정해 주고 궁금한 점이 있으면 물어보도록 격려한다.

이 시간 예수님을 마음에 모시고 싶은 친구는 함께 기도해요.

 ## 기도

하나님, 사랑이 많으시고 선하신 하나님을 찬양합니다. 예수님을 믿을 때 우리 마음에 하나님의 법을 새겨 주셔서 감사합니다. 하지만 여전히 죄를 짓는 우리를 용서해 주세요. 하나님이 예수님을 통해 우리를 구원하신 일을 기억하며 기쁜 마음으로 하나님께 순종할 수 있도록 도와주세요. 예수님의 이름으로 기도합니다. 아멘.

 ## 적용

TIP 설교 도입이나 적용으로 활용하거나 영상을 본 뒤 소그룹으로 나누어 풍성한 대화를 이어 갈 수 있습니다.

부모님이 우리에게 어떤 부탁을 하실 때 속상했던 적이 있나요? 이 질문에 대해 생각하면서 다음 영상을 함께 보아요.

적용 예화 영상(지도자용 팩)을 보여 준다.

그냥 해야 하는 일이니까 마지못해 순종할 때가 있나요? 기쁜 마음으로 순종하기가 왜 어려울까요? 부모님이 우리를

위해 하시는 수많은 일을 생각해 본 적 있나요? 감사하는 마음을 가지고 있을 때 왜 순종하기가 더 쉬울까요? 기쁜 마음으로 하나님께 순종하기 위해서 어떤 자세가 필요할까요? 하나님의 백성은 옛 언약 아래에서 하나님께 순종하기 위해 끊임없이 애써야 했어요. 하지만 하나님께 완전히 순종할 수는 없었지요. **하나님은 예레미야에게 새 언약에 대해 선포하라고 하셨어요.** 그리고 예수님을 통해 새 언약을 이루셨어요. 새 언약은 우리에게 하나님께 순종하고 싶은 새 마음을 주어요. 성령님은 하나님의 거룩하심과 사랑, 자비를 우리에게 일깨워 주셔서 우리가 하나님께 순종하도록 도와주세요. 하나님이 예수님을 보내 우리를 위해 하신 일을 기억할 때 우리는 하나님께 기쁨으로 순종하게 되어요. **우리는 왜 하나님께 순종해야 하나요? 하나님이 우리를 사랑하시기 때문이에요.**

가스펠 소그룹

10~20분

나침반

알쏭달쏭 말씀을 찾아라!

[준비물] 학생용 교재 66쪽, 연필

① 문자 암호를 풀어 예레미야 31장 33절 말씀을 완성해 보라고 한다.

② 문자가 의미하는 자음과 모음을 조합하면 단어가 만들어진다고 말해 준다.

③ 완성된 암송 구절을 여러 번 읽으며 암송하게 한다.

> 그 ㄴ ㅏ ㄹ 후에 내가 이스라엘 집과
>
> 맺을 ㅇ ㅓ ㄴ ㅑ ㄱ은 이러하니 곧 내가 나의 ㅂ ㅓ ㅂ을
>
> 그들의 속에 두며 그들의 ㅁ ㅏ ㅇ ㅡ ㅁ에 기록하여
>
> 나는 그들의 ㅎ ㅏ ㄴ ㅏ ㄴ ㅣ ㅁ이 되고 그들은
>
> 내 ㅂ ㅐ ㄱ ㅅ ㅓ ㅇ이 될 것이라 여호와의 말씀이니라
>
> 예레미야 31장 33절

— 가끔 우리는 하나님이 주신 것들을 잊어버릴 때가 있어요. 예를 들어 하나님의 말씀 같은 것 말이에요. 하지만 하나님은 하나님의 약속을 절대 잊지 않으세요. **하나님은 예레미야에게 새 언약에 대해 선포하라고 하셨어요.** 예수님은 예언한 대로 새 언약을 성취하셨어요. 예수님이 하나님의 뜻에 따라 우리를 구원하기 위해 대신 죽으셨을 때, 예수님은 우리가 새 마음을 가지고 하나님께 가까이 갈 수 있는 길을 열어 주셨어요.

보물 지도

퀴즈! 퀴즈! *

[준비물] 성경

① 아이들에게 언약이 무엇인지 이야기해 준다.

② 하나님이 맺으신 여러 언약에 관한 질문에 답해 보라고 한다.

② 아이들이 잘 대답하지 못하면, 성경의 장과 절을 알려 주어 정답을 찾을 수 있도록 도와준다.

---

1 하나님은 다시는 세상을 물로 심판하지 않겠다는 약속을 누구에게 하셨나요?

노아 또는 모든 사람 (창 9:11)

2 하나님은 자손을 많이 주고 온 세상에 복을 주시겠다는 약속을 누구에게 하셨나요?

아브람 또는 아브라함 (창 12:1~3)

3 하나님은 모세와 이스라엘 백성에게 어떤 약속을 하셨나요?

하나님의 법을 지키면 복을 받고, 어기면 벌을 받을 것이라고 약속하셨다 (신 11:13~17)

4 하나님은 이스라엘의 모든 왕은 누구의 자손에게서 나올 것이라고 약속하셨나요?

다윗의 자손 (삼하 7:8~16)

5 하나님이 예레미야를 통해 약속하신 새 언약의 내용은 무엇인가요?

하나님의 법을 백성의 마음에 기록하여 하나님은 백성의 하나님이 되고, 백성은 하나님의 백성이 될 것이라고 말씀하셨다. 그리고 백성의 악행을 용서하시고 다시는 그 죄를 기억하지 않겠다고 말씀하셨다 (렘 31:31~34)

— 하나님은 하나님의 백성과 많은 언약을 맺으셨어요. 그리고 그 언약들을 완벽하게 지키셨지요! 하나님은 신실하시고 좋으신 분이기 때문에 언제나 약속을 지키세요. 이제 하나님은 하나님의 법을 우리 마음에 쓰시고 우리에게 순종할 힘을 주시겠다고 약속하셨어요! 우리를 사랑하시는 하나님은 우리와 영원히 함께 살기를 바라세요. 그래서 예수님을 보내 우리의 죗값을 대신 치르게 하셨어요. 이제 우리는 예수님을 통해 용서받을 수 있어요. 성령님이 우리의 비뚤어지고 굳은 마음을 하나님을 사랑하는 마음으로 바꿔 주세요. 새 언약을 이루신 예수님을 통해서 우리는 용서받고 하나님의 백성답게 살 수 있게 되었어요.

탐험하기

거꾸로 거꾸로

[준비물] 학생용 교재 67쪽, 연필이나 색연필

① 아이들과 그림 속 얼굴들의 표정에 대해 이야기를 나눈다.

② 그림을 거꾸로 돌려 사람들의 얼굴을 다시 보게 하고, 얼굴이 어떻게 달라 보이는지 이야기해 보라고 한다.

③ 착시 현상이 일어나는 것처럼 우리가 어떤 것을 잘못 보거나 잘못
된 것을 믿을 때가 있다는 것을 말해 준다.

④ 하나님에게서 멀어지게 하는 마음의 소리는 어떤 것이 있는지 아
이들과 이야기를 나누어 본다.

— 때때로 우리의 눈은 우리를 속일 때가 있어요! 오늘의 성경 이야기에서 하나님은 우리 마음도 우리 자신을 속이는 경우가 있다고 말씀하세요! 우리 마음이 죄 때문에 비뚤어지면 잘못된 것을 믿고 하나님께 불순종하게 되지요.

죄를 고백해요 *

[준비물] 유리 그릇, 물, 화장지, 수성 사인펜(빨간색 또는 검은색), 잔잔한 찬양 한 곡

① 아이들에게 화장지에 자신의 죄를 사인펜으로 적어 보라고 한다.

② 잔잔한 찬양이 흐르는 동안, 한 명씩 앞으로 나와 물이 담긴 세숫
대야에 자신의 죄를 적은 화장지를 넣게 한다.

③ 모든 아이가 세숫대야에 자신의 죄를 적은 화장지를 넣을 때까지
자기 자리에서 회개 기도를 하라고 말해 준다.

— 남 유다 백성은 죄 때문에 하나님의 말씀을 듣지 못했어요. 그리고 죄의 문제를 해결하기 위해 많은 희생 제사를 드렸지요. **하나님은 예레미야에게 새 언약에 대해 선포하라고 하셨어요.** 그리고 예수님을 보내 우리를 대신해 죗값을 치르게 하셨어요. 이제 예수님을 믿으면 하나님은 우리의 죄를 용서해 주세요. 하나님께 우리의 죄를 고백하고, 우리의 마음을 새롭게 해 달라고 기도해요.

돌에 쓴 법 vs 마음에 쓴 법 *

[준비물] 색 도화지(빨간색, 회색), 가위, 풀 또는 접착테이프, 매직펜, 스톱워치

① 빨간색과 회색 도화지를 서로 맞대어 붙인 후, 손바닥 정도의 크
기로 아이들 수보다 많이 잘라 둔다.

② 빨간색 종이에는 '새 언약', 회색 종이에는 '옛 언약'이라고 쓴다. 회
색 부분이 많이 보이도록 종이들을 바닥에 펼쳐 둔다.

③ 인도자가 "시작!"을 외치면, 빨간색이 위로 오도록 종이를 뒤집
으라고 한다.

④ 30초 후에 어떤 색이 많이 보이는지 확인한다.

— **하나님은 예레미야에게 새 언약에 대해 선포하라고 하셨어요.** 새 언약 아래에서는 하나님의 법을 사람들의 마음에 쓸 것이라고 말씀하셨지요. 하나님이 우리의 마음을 새

롭게 하시고 하나님께 순종할 힘을 주실 거라는 뜻이에요. 예수님을 믿고 의지하면 용서받고 새 생명을 얻게 되어요. 덕분에 우리 마음은 더 이상 딱딱하게 굳어 있지 않을 거예요. 우리는 이제 죄 속에서 살지 않아도 된답니다!

 ## 보물 상자

나만의 기록장

[준비물] 학생용 교재 68쪽, 연필이나 색연필

① 아이들에게 죄는 하나님의 말씀에서 벗어나는 것임을 알려 준다.

② 하나님의 말씀에서 벗어나 죄를 지은 것이 있다면 무엇인지 그림
이나 글로 표현해 보라고 한다.

③ 새 언약을 주신 하나님은 예수님을 통해 우리의 죄를 용서하시고
깨끗하게 하신다는 것을 말해 준다.

— 하나님은 언제나 약속을 지키세요. 하나님은 새 언약을 통해 우리를 향한 하나님의 크신 사랑을 보여 주셨어요. 우리는 우리의 죄 때문에 하나님과 가까워질 수 없어요. 그래서 구원자이신 예수님이 필요해요. 우리의 죄를 깨끗하게 하시는 예수님을 믿음으로 고백해요.

메시지 카드

이번 주 메시지 카드로 부모님과 함께 오늘 배운 성경 이야기를 나누어 보라고 한다.

기도

하나님, 새 언약을 주신 하나님을 찬양합니다. 예수님을 보내 새 언약을 이루시고 죄 때문에 죽을 수밖에 없는 우리를 구원해 주셔서 감사합니다. 날마다 하나님을 더 사랑하고 더 알아가도록 인도해 주세요. 예수님의 이름으로 기도합니다. 아멘.

12 남 유다 백성이 포로로 잡혀갔어요

대하 36:1~21

하나님은 오랜 세월 동안 예언자들을 보내 하나님의 백성에게 경고하셨습니다. 그들이 죄에서 돌아서기를 참을성 있게 기다리셨습니다. 예레미야 선지자는 남 유다가 악한 길에서 돌이키지 않으면 벌을 받게 될 것이라고 경고하며 그 벌의 내용을 아주 자세하게 기술했습니다(렘 15:1~14).

그러나 남 유다 백성은 죄에서 돌아서지 않았습니다. 전국적인 회개를 일으키려던 요시야왕의 노력에도 불구하고, 왕국은 몇 년간 쇠락의 길을 걸었습니다. 요시야가 죽자 사람들은 다시 옛 생활 방식으로 돌아가 우상을 숭배하고 하나님께 불순종했습니다.

드디어 심판의 때가 되었습니다. 하나님은 바벨론의 왕 느부갓네살을 사용해 남 유다 백성을 바벨론으로 옮기셨습니다. 그들은 그곳에서 70년간 유배 생활을 해야 했습니다.

여호야김이 남 유다의 왕으로 있을 때 느부갓네살이 예루살렘에 쳐들어왔습니다. 느부갓네살은 여호야김을 사슬에 묶어 바벨론으로 데려갔습니다.

이후 여호야김의 아들 여호야긴이 왕위에 오르자, 느부갓네살은 그 역시 잡아갔습니다. 남 유다의 많은 사람이 함께 끌려갔고, 하나님의 성전에 있던 보물들도 다 빼앗겼습니다. 느부갓네살은 시드기야를 남 유다의 왕으로 앉혔습니다.

남 유다의 백성은 하나님과 맺은 언약을 지키지 않았습니다. 시드기야가 느부갓네살을 배반하고 하나님의 눈앞에서 악한 일을 저지르자, 하나님은 남 유다에 분노를 쏟아부으셨습니다. 느부갓네살은 예루살렘 사람들에게 자비를 베풀지 않았습니다. 바벨론 군대는 하나님의 성전과 왕의 궁전에 불을 질렀습니다. 그들은 예루살렘을 둘러싼 성벽을 허물었습니다. 느부갓네살의 군대는 사람들을 포로로 끌고 갔고, 오직 가난한 농부들만 남아 땅을 경작하도록 허락했습니다. 남 유다 백성은 바벨론에서 70년간 포로 생활을 하며 바벨론의 왕을 섬겼습니다.

●● 티칭 포인트

하나님은 하나님의 백성을 버리지 않으셨다는 것을 아이들에게 알려 주십시오. 예레미야 선지자는 앞으로 일어날 일을 사람들에게 이렇게 이야기했습니다. "내가 내 백성 이스라엘과 유다의 포로를 돌아가게 할 날이 오리니"(렘 30:3). 하나님은 하나님의 백성을 포로 생활에서 구해 내시고 다윗의 혈통을 가진 새 왕, 곧 영원한 왕을 세우실 것이라는 점을 아이들에게 가르쳐 주십시오.

주 제

남 유다의 죄 때문에 하나님은 그들을 바벨론의 포로가 되어 쫓겨나게 하셨어요.

가스펠 링크

하나님은 아들이신 예수님에게 우리가 지은 죄의 벌을 대신 받게 하시고 그분을 영원한 왕이 되게 하셨어요.

남 유다 백성이 포로로 잡혀갔어요 대하 36:1~21

남 유다의 마지막 네 명의 왕은 요시야의 자손이었어요. 요시야의 아들인 여호아하스, 여호야김, 시드기야, 그리고 요시야의 손자인 여호야긴이 남 유다의 왕이 되었지요.

여호아하스는 왕의 자리에 오래 있지 못했어요. 하나님이 싫어하시는 일을 많이 했거든요. 그러자 이집트의 왕이 쳐들어와 그를 포로로 잡아갔어요. 그리고 이집트의 왕은 금과 은도 빼앗고, 여호아하스의 형 여호야김을 왕으로 세웠어요.

여호야김도 남 유다의 왕이 된 후 악한 일을 하기는 마찬가지였어요. 그러자 바벨론왕이 쳐들어와 여호야김을 포로로 잡아서는 바벨론으로 끌고 갔어요. 바벨론왕은 하나님의 성전에 있던 물건들을 가져가 자기 나라의 신전에 두었어요. 여호야김이 바벨론에 끌려가고, 그의 아들 여호야긴이 남 유다의 왕이 되었어요.

여호야긴이 왕의 자리에 있었던 것은 고작 3달이었지만, 그도 악한 일을 저질렀어요. 바벨론왕은 사람을 보내 여호야긴을 바벨론으로 잡아갔어요. 그러고는 여호야긴의 삼촌인 시드기야를 남 유다의 왕으로 세웠어요.

시드기야 역시 자기 형제들처럼 악한 일을 저질렀어요. 남 유다 백성도 왕을 따라 악한 일을 했지요. 예레미야 선지자가 시드기야에게 하나님이 벌을 내리실 것이라고 경고했지만, 그는 듣지 않았어요.

하나님은 남 유다 백성이 계속해서 죄를 짓고 하나님께 순종하지 않자 화가 나셨어요. 하지만 하나님은 백성을 사랑하셨어요. 그들이 하나님께 돌아오기를 바라셨지요. 그래서 선지자들을 보내 계속 경고하셨

지만, 백성은 귀를 기울이지 않았어요.

마침내 남 유다 백성의 죄를 벌하실 때가 되었어요. 하나님은 바벨론왕이 군대를 이끌고 남 유다를 공격하도록 허락하셨어요. 전쟁으로 많은 사람이 죽었어요.

바벨론왕은 하나님의 성전에 있던 모든 기구와 모든 보물을 바벨론으로 가져갔어요. 그런 다음 성전을 불태워 버렸지요. 바벨론 군대는 예루살렘을 둘러싼 성벽을 모두 허물고 왕궁도 태워 버렸어요. 그들이 가져가지 않을 것은 모두 부수어 버렸어요.

살아남은 사람들은 바벨론으로 끌려가 노예가 되었어요. 하나님이 예레미야를 통해 경고하신 모든 일이 그대로 일어났어요.

●● 가스펠 링크

하나님이 하나님 백성의 죄를 벌하시는 것은 당연한 일이에요. 그런데도 하나님은 모든 왕이 다윗의 자손에서 나오게 하겠다는 약속을 지키셨어요. 하나님은 하나님의 아들이신 예수님을 통해 우리 죄를 벌하시고, 예수님을 영원한 왕으로 삼으셨어요.

환영

도착하는 아이들을 반갑게 맞이하고 헌금, 출석, QT 등을 확인하며 격려한다. 새 친구가 있다면 소개한다. 편안한 분위기에서 안부를 물으며 오늘의 말씀과 관련된 화제로 이야기를 나눈다. 아이들에게 새로운 곳으로 멀리 떠난 적이 있는지 물어본다. 자발적으로 대화에 참여하도록 이끈다.

예) "긴 여행을 떠난 적이 있나요?", "새로운 도시로 이사한 적이 있나요?" 등.

—— 새로운 도시로 이사한 적이 있나요? 원래 살던 동네에 대해 그리운 것이 있다면 무엇인가요? 아이들의 대답을 기다린다. 이사는 쉬운 일이 아니에요. 처음 가는 동네가 낯설게 느껴질 수도 있고 적응하는 것이 힘들 수도 있어요. 오늘의 성경 이야기에는 고향에서 쫓겨난 하나님의 백성에 관한 이야기가 나와요. 왜 그런 일이 벌어졌는지 잠시 후에 알아보기로 해요.

누가 가져갔을까? *

[준비물] 과자 봉지, 매직, 눈가리개

① 아이들을 둥글게 앉힌다.

② 과자 봉지에 '남 유다'라고 쓰고, 원의 한가운데에 둔다.

③ 술래를 한 명 정하고, 눈가리개를 씌운다.

④ 인도자는 소리 없이 한 아이를 가리키며 물건을 몰래 가져가 숨기라고 한다.

⑤ 술래에게 "눈을 뜨세요"라고 말하고, 누가 물건을 가져갔는지 맞혀 보라고 한다.

⑥ 정해진 시간 안에서 술래를 바꾸어 놀이를 반복한다.

—— 오늘 우리는 포로로 잡혀간 하나님의 백성에 관한 이야기를 들을 거예요. 생각만 해도 슬픈 일이지요. 남 유다 백성에게 무슨 일이 일어났던 걸까요?

마음 열기

나쁜 왕, 포로 생활 *

[준비물] 의자 또는 방석

① 아이들 수보다 하나 적은 수의 의자를 둥글게 배치한다.

② 술래를 한 명 정하고, 나머지 아이들에게 의자에 앉으라고 한다.

③ 술래는 아이들 주변을 돌다가 한 아이의 어깨를 톡톡 치면서 "나쁜 왕" 또는 "포로 생활"이라고 자유롭게 말하라고 한다.

④ 술래가 "포로 생활"이라고 말하며 어깨를 두드리면, 그 아이를 제외한 나머지 아이들은 일어나 자리를 바꿔야 하고, 이때 자리를 차지하지 못한 아이가 다음 술래가 된다고 알려 준다.

⑤ 정해진 시간 안에서 놀이를 반복한다.

—— 남 유다는 계속해서 나쁜 왕들의 다스림을 받았어요. 왕들은 하나님의 백성을 악한 길로 이끌었어요. 결국 하나님은 남 유다의 죄를 벌하셨어요. 그들이 포로로 잡혀가게 하셨지요. 포로로 잡혀간다는 것은 적군에게 잡혀가 더 이상 자기 고향에서 살 수 없고 억지로 다른 곳에 가서 살아야 한다는 의미예요. 포로로 잡혀가는 남 유다 사람들이 어떤 모습이었는지 잠시 후에 배우게 될 거예요.

가스펠 설교

 들어가기

[준비물] 경비원 복장(검정 바지, 파란색 또는 흰색 셔츠), 경비원 배지, 손전등, 열쇠 꾸러미

경비원 복장을 하고 가슴에는 배지를 달고 등장한다. 열쇠 꾸러미와 손전등을 들고 예배실을 조심스럽게 살피며 들어온다. 아이들을 발견한다.

안녕하세요, 여러분! 다시 만나서 반가워요. 그런데 제가 생각한 시간에 박물관을 닫는 것이 맞는지 슬슬 궁금해지는군요. 아니면 감독관이 여러분이 들어올 수 있도록 일부러 문을 열어 둔 것일까요? 제가 여러분에게 박물관을 관람하게 해 준 일을 감독관에게 얘기했거든요.

어쨌든 제가 여러분을 안내하게 되었으니 몇 가지 안전 규칙을 알려 주어야겠어요. 혹시라도 생길지 모를 상황에 대비해서 말이에요.

먼저, 불이 나도 당황하지 말고 질서 있게 가장 가까운 비상구로 이동하세요. 강한 비바람이 불면 건물 안으로 피하세요. 이때, 문이나 창문에서 멀리 떨어지는 것이 좋아요. 그리고 길을 잃으면 제자리에 서서 도와달라고 소리를 지르세요. 그러면 재빨리 달려올게요. 그리고 전시물은 절대 만지지 마세요. 지난주에 보니 유리에 작은 지문들이 많이 보이더라고요. 이 규칙을 따르기 싫은 사람은, 미안하지만 관람 시작 전에 떠나는 것이 좋을 거예요. 지금까지 말한 주의사항을 잘 기억하길 바라요. 그럼 관람을 시작해 볼까요?

 연대표

북 이스라엘이 아시리아에 포로로 잡혀간 일을 기억하나요? 남 유다도 북 이스라엘보다 나을 것이 없었어요. 사람들은 계속해서 죄를 지었고 하나님의 선지자들이 하는 경고를 무시했어요. 결국 하나님이 그들의 죄를 벌하실 때가 되었어요. 연대표에서 오늘의 성경 이야기를 가리킨다. 오늘의 성경 이야기는 슬프고 또 조금 무섭기도 해요. 하지만 마지막은 해피엔딩이랍니다. 오늘 성경 이야기의 제목은 "남 유다 백성이 포로로 잡혀갔어요"랍니다.

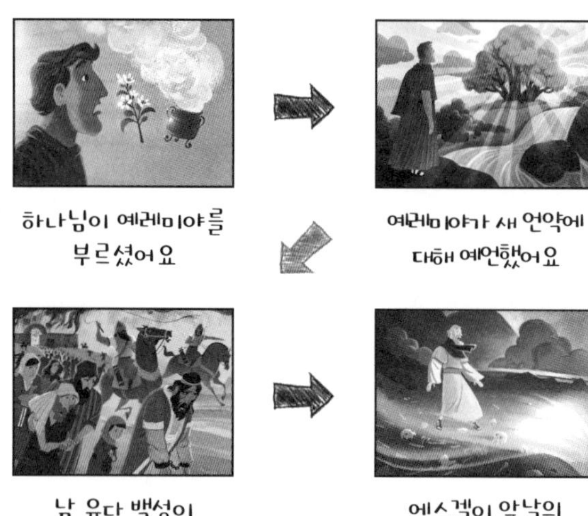

 성경의 초점

'성경의 초점'의 질문과 답을 기억하나요? 함께 큰 소리로 말하면 성경 이야기를 듣는 동안 어떤 점에 귀를 기울여야 할지 알 수 있을 거예요. **우리는 왜 하나님께 순종해야 하나요? 하나님이 우리를 사랑하시기 때문이에요.** 참 잘했어요!

 성경 이야기

역대하 36장 1~21절을 펴고, 설교 영상(지도자용 팩)을 보여 주거나 이야기 성경을 들려준다.

남 유다 백성은 하나님을 사랑하지도, 하나님의 말씀에 순종하지도 않았어요. 하나님의 법을 무시했고, 가짜 신들을 섬겼지요. 하나님이 그들의 죄를 벌하신 것은 당연한 일이에요. 하나님은 거룩하시기 때문에 죄를 그냥 둘 수 없으시거든요. **남 유다의 죄 때문에 하나님은 그들을 바벨론의 포로로 쫓겨나게 하셨어요.** 하지만 하나님은 다윗과 맺으신 언약을 기억하셨어요. 영원한 왕을 다윗의 자손으로 보내겠다고 하신 약속 말이에요. 하나님은 예수님을 보내셨어요. 예수님은 죄가 하나도 없으셨지만 우리를 죄와 죽음에서 구원하기 위해 십자가에서 죽으시고 다시 살아나셨어요. 하나님은 예수님을 통해 우리를 구원하시고 예수님을 우리의 영원한 왕으로 세우셨어요.

1 남 유다의 마지막 왕 4명은 누구인가요?

여호아하스, 여호야김, 여호야긴, 시드기야 (대하 36:1~14)

2 이 왕들의 공통점은 무엇인가요?

하나님이 보시기에 악한 일을 행했다 (대하 36:5, 9, 12)

3 사람들은 하나님이 보내신 선지자들에게 어떻게 반응했나요?

선지자들을 비웃고, 그들의 말을 듣지 않았으며, 하나님께 불순종
했다 (대하 36:16)

4 하나님은 남 유다 백성을 어떻게 벌하셨나요?

바벨론의 왕이 쳐들어와 많은 사람을 죽이도록 내버려두셨다 (대
하 36:17)

5 하나님의 성전은 어떻게 되었나요?

바벨론 군사들이 성전의 모든 보물을 바벨론으로 가져가고, 성전은
불태웠다 (대하 36:18~19)

6 살아남은 사람들은 어떤 일을 당했나요?

바벨론으로 잡혀가 노예가 되었다 (대하 36:20)

 ## 복음 초청

성경과 121쪽 복음 초청 가이드를 이용해서 아이들에게 그리스도인
이 되는 법을 설명해 준다. 따로 상담해 줄 사람을 정해 주고 궁금한
점이 있으면 물어보도록 격려한다.

이 시간 예수님을 마음에 모시고 싶은 친구는 함께 기도해요.

 ## 기도

하나님, 하나님은 거룩하고 선하시며 죄를 미워하십니다.
예수님을 믿고 의지하며 우리의 죄를 고백합니다. 우리를
용서해 주시고 우리에게 새 마음을 주세요. 날마다 하나님
을 사랑하는 마음이 더욱 커지고, 기쁜 마음으로 하나님께
순종할 수 있도록 우리에게 힘을 주세요. 예수님의 이름으
로 기도합니다. 아멘.

 ## 적용

TIP 설교 도입이나 적용으로 활용하거나 영상을 본 뒤 소그룹으로 나누어 풍성한
대화를 이어 갈 수 있습니다.

하나님은 선지자들을 보내 하나님의 백성에게 경고하셨어
요. 경고는 왜 중요한가요? 경고를 따르지 않으면 어떤 일이
일어날까요? 이 질문을 기억하며 다음 영상을 함께 보아요.

적용 예화 영상(지도자용 팩)을 보여 준다.

경고를 듣고도 무시한 적이 있는지 아이들에게 물어본다.

우리에게 중요한 경고를 해 줄 사람은 누가 있을까요? 우리
는 경고에 어떻게 반응해야 할까요? 경고를 듣고도 조심하
지 않는 이유는 무엇일까요?

하나님은 우리에게 성경을 주셨어요. 성경에는 하나님께 순
종하지 않고 우리 마음대로 살면 어떤 일이 일어나게 될지
경고하는 내용들이 많이 있어요. 우리는 하나님께 순종할지
아니면 순종하지 않을지 선택할 수 있어요. **우리는 왜 하나님
께 순종해야 하나요? 하나님이 우리를 사랑하시기 때문이에
요.** 우리가 예수님을 믿고 의지하면 하나님은 우리 죄를 용서
하시고 우리의 마음을 변화시켜 주세요. 성령님은 예수님을
믿는 사람들의 마음에 계세요. 그리고 하나님의 법을 알도
록 도와주시고 하나님의 법에 순종할 수 있도록 도와주세요.

가스펠 소그룹

 ## 나침반

둘 중에 무엇이 맞을까?

[준비물] 3단원 암송(124쪽), **학생용 교재 72쪽, 연필**

① 아이들에게 3단원 암송 구절을 보여 주고 함께 읽는다.

② 두 단어 중 알맞은 단어에 ◯표 하라고 한다.

③ 정답을 확인하고 완성한 암송 구절을 함께 큰소리로 읽는다.

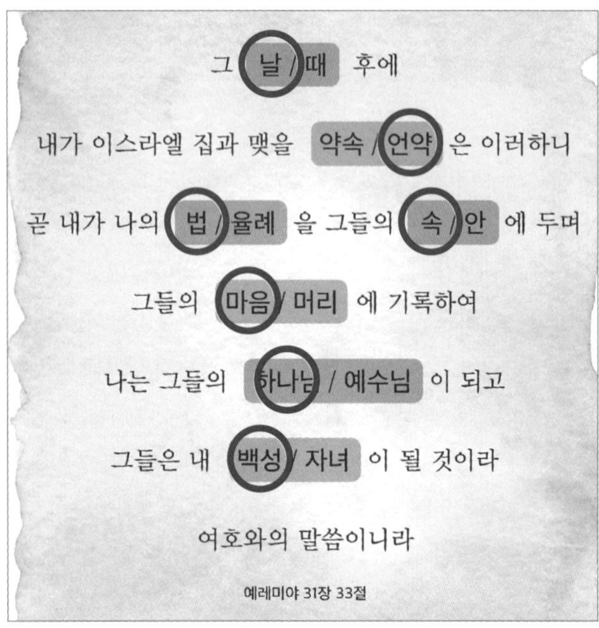

―― 하나님의 백성은 하나님께 순종하지 않았어요. 그들의 불순종을 보면 그들이 하나님을 사랑하지 않았다는 것을 알 수 있어요. 그들의 마음은 돌과 같았어요. 하나님을 대하는 마음이 차갑고 딱딱하고 죽은 것 같았지요. 하나님은 그들에게 새 마음과 하나님께 순종할 힘을 주겠다고 약속하셨어요! 예수님을 믿고 의지하는 사람 누구에게나 하나님은 그렇게 해 주세요.

 ## 보물 지도

성경을 찾아서

[준비물] 성경

① 아이들에게 성경에서 역대하 36장을 찾으라고 하고, 오늘의 성경 이야기를 간단하게 복습한다.

② 인도자가 질문을 던지면 정답을 맞혀 보라고 한다.

③ 아이들이 정답을 잘 맞히지 못하면, 성경의 장과 절을 알려 주어 답을 찾게 도와준다.

1 요시야의 뒤를 이어 왕이 된 사람은 누구인가요?

여호아하스 (대하 36:1)

2 여호야김을 왕으로 앉히고 여호아하스를 잡아간 사람은 누구인가요?

이집트왕 (또는 애굽왕) (대하 36:3~4)

3 여호야김 다음으로 왕의 자리에 앉은 2명의 왕은 누구인가요?

여호야긴, 시드기야 (대하 36:9, 11)

4 하나님의 백성은 그들의 죄에 대해 경고하는 선지자들에게 어떻게 반응했나요?

하나님이 보내신 선지자들을 비웃고, 그들의 말을 듣지 않았으며, 하나님께 불순종했다 (대하 36:16)

5 하나님은 죄를 지은 남 유다 백성에게 어떤 벌을 내리셨나요?

남 유다의 죄 때문에 하나님은 그들을 바벨론의 포로로 쫓겨나게 하셨어요

6 우리의 모든 죄에 대한 벌을 누가 받았나요?

하나님은 예수님을 보내 십자가에서 죽게 하심으로 우리를 대신해 죄의 벌을 받게 하셨다 (롬 5:8~9)

―― 하나님의 백성을 사랑하시는 하나님은 선지자들을 통해 하나님의 말씀에 순종하라고 경고하셨어요. 하지만 사람들은 들으려고 하지 않았어요. 심지어 왕들은 계속해서 죄를 지으며 백성이 하나님에게서 멀어지게 했어요. 그런데도 하나님은 멈추지 않고 그들을 사랑하셨어요! 오랜 시간이 지난 후 하나님은 예수님을 보내 십자가에서 죽게 하심으로 우리의 죗값을 대신 치르게 하셨어요. 이제 예수님을 믿고 의지하는 사람은 누구나 구원을 받아요!

 ## 탐험하기

왜 포로가 되었을까?

[준비물] 학생용 교재 73쪽, 연필이나 색연필

① 오늘의 성경 이야기를 짧게 나누고, 남 유다 백성이 왜 포로로 잡혀가게 되었는지 말해 준다.

② 그림 속에 숨어 있는 단어들을 찾아 알맞게 배열해 문장을 완성하게 한다.

③ 완성된 문장을 함께 큰소리로 읽는다.

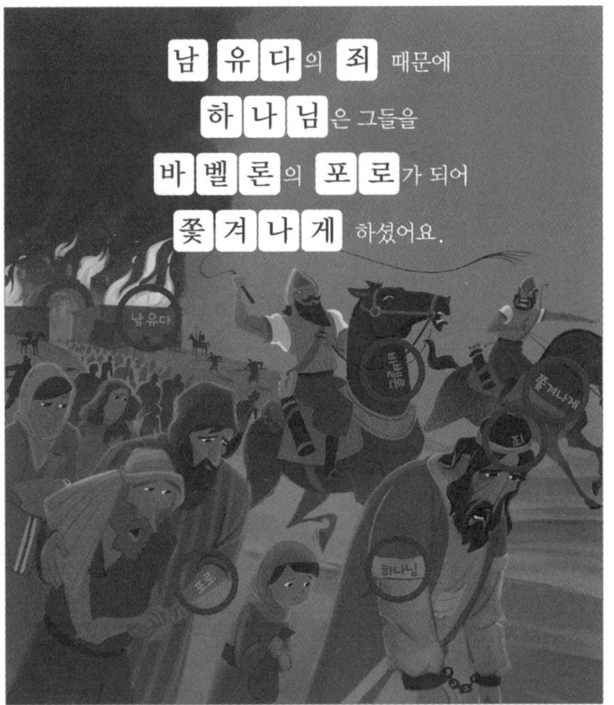

― 하나님의 경고를 듣고도 하나님의 말씀을 듣지 않았던 남 유다 백성의 모습을 보았어요. **남 유다의 죄 때문에 하나님은 그들을 바벨론의 포로가 되어 쫓겨나게 하셨어요.** 왕도 예외는 아니었어요! 여호아하스와 여호야김, 여호야긴, 그리고 시드기야까지 말이지요. 바벨론으로 끌려가는 동안 그들은 무슨 생각을 했을까요? 그래요. 하나님께 순종하지 않은 것을 후회했을 거예요.

죄의 사슬 *

[준비물] 성경, 기늘고 길게 자른 종이, 볼펜, 접착테이프

① 아이들에게 성경에서 역대하 36장 1~21절을 찾으라고 한다.
② 각각의 종이에 하나님이 남 유다 백성을 포로로 잡혀가게 하신 이유를 하나씩 적어 보라고 한다.

  예) '남 유다 백성은 죄 속에 살고 있었다', '하나님의 선지자의 말을 들으려고 하지 않았다', '남 유다의 왕들은 나쁜 왕들이었다' 등.

③ 종이를 테이프로 붙여 사슬 모양으로 연결해 보라고 한다.
― 하나님은 남 유다 백성의 죄 때문에 포로로 잡혀가게 하셨어요. 하지만 그들은 그보다 훨씬 전에 이미 죄의 포로가 되어 살고 있었어요. 종이 사슬을 들어 올린다. 그들의 마음은 죄 때문에 망가져서 하나님을 선택하지 않았어요. 죄의 노

예였기 때문에 하나님을 사랑하지도, 하나님께 순종하지도 않았지요. 하나님이 그들을 벌하신 것은 당연한 일이었어요. 하지만 하나님은 영원한 왕을 다윗의 자손으로 보내겠다는 약속을 지키셨어요. 우리의 영원한 왕이신 예수님을 통해 우리의 죄를 벌하셨어요. 종이 사슬을 끊는다. 예수님을 믿고 의지할 때, 하나님은 우리를 죄에서 자유롭게 해 주세요!

보물 상자

나만의 기록장

[준비물] 학생용 교재 74쪽, 연필이나 색연필

① 아이들에게 나쁜 선택을 한 결과 어려움을 겪은 적이 있는지 물어본다. 그 경험을 그림이나 글로 표현해 보라고 한다.
② 하나님을 사랑하는 것이 얼마나 중요한지 가르쳐 주기 위해 하나님은 죄를 지은 남 유다 백성이 포로로 잡혀가게 하셨다는 사실을 떠올려 준다.

― 예수님이 없었다면 우리는 죄 때문에 하나님을 사랑할 수 없었을 거예요. 하나님은 예수님을 보내 우리를 향한 하나님의 사랑을 보여 주셨어요. 예수님은 우리 대신 벌을 받아 우리가 하나님과 영원히 함께할 수 있게 해 주셨어요. 예수님을 믿고 의지하면, 성령님은 우리 안에서 하나님을 사랑하고 하나님께 순종할 힘을 주세요.

메시지 카드

이번 주 메시지 카드로 부모님과 함께 오늘 배운 성경 이야기를 나누어 보라고 한다.

기도

하나님, 우리를 향한 하나님의 크신 사랑에 감사드립니다. 예수님을 통해 우리의 죄를 용서받고, 또 하나님과 영원히 함께할 수 있다는 사실이 너무 기뻐요. 날마다 하나님을 더욱 사랑하고 하나님의 말씀에 순종할 수 있도록 우리에게 새 마음을 주세요. 예수님의 이름으로 기도합니다. 아멘.

13

에스겔이 앞날의 소망을 이야기했어요

겔 37장

에스겔은 힘든 일을 맡았습니다. 하나님의 징벌을 받는 백성을 돌보는 일이었습니다. 유배를 간 남 유다 백성은 자신들의 상황을 온통 하나님 탓으로 돌렸습니다. 그들은 불공평하다고 주장했습니다(겔 18:25 참조).

에스겔은 유배 생활의 책임은 바로 그들에게 있다고 말했습니다. 그들이 하나님과의 언약을 어겨 하나님의 진노를 샀기 때문입니다. 그들은 응당 받을 벌을 받은 것이었습니다. 오히려 하나님은 "죽을 자가 죽는 것도 내가 기뻐하지 아니하노니 너희는 스스로 돌이키고 살지니라(겔 18:32)"라고 말씀하셨습니다.

하나님은 에스겔에게 환상을 보여 주셨습니다. 환상에서 에스겔은 마른 뼈로 가득 찬 골짜기를 보았습니다. 마른 뼈들은 이스라엘을 나타냅니다. 하나님이 그 뼈들에 힘줄과 살과 피부를 더하실 것이라고 에스겔은 예언했습니다. 하나님이 마른 뼈에 숨을 불어 넣어 살아나게 하실 것이라고 말했습니다.

우리는 죄로 인해 죽은 사람들입니다(엡 2:1 참조). 죄는 우리와 하나님 사이를 갈라놓습니다. 하나님은 거룩하신 분이기 때문입니다. 우리는 하나님이 계신 곳에서 멀리 떨어져 있습니다. 하지만 하나님은 우리의 죽음을 기뻐하지 않으십니다. 하나님은 오래 참으시며, 우리가 회개하고 생명을 얻기를 원하십니다!

에스겔이 죽고 수백 년이 흐른 뒤, 하나님의 임재가 임마누엘이신 예수 그리스도를 통해 하나님의 백성을 찾아왔습니다. 임마누엘은 '우리와 함께하시는 하나님'이라는 뜻입니다. 예수님은 생명의 근원이십니다. 그분은 우리에게 생명의 물을 주십니다(요 4:10, 14 참조). 그 물을 마시지 않으면, 우리 안에는 마른 뼈들처럼 아무 생명이 없습니다.

● ● 티칭 포인트

에스겔이 본 마른 뼈는 죄로 인해 죽은 우리를 상징한다는 것을 아이들이 알 수 있도록 도와주십시오. 도저히 살아날 수 없을 것 같은 마른 뼈가 살아나듯 하나님은 하나님의 백성을 예수님을 통해 다시 살리셨다는 것을 강조해 주십시오. 예수님은 모든 것을 바꾸십니다. 복음주의 기독교 변증가인 라비 재커라이어스(Ravi Zacharias)는 이렇게 말했습니다. "예수님은 나쁜 사람을 착하게 만드시려는 것이 아니다. 죽은 사람을 살리시려는 것이다." 정말로 그렇습니다. 하나님은 은혜로 우리를 구원하십니다. 성령 하나님을 통해 우리를 그리스도와 함께 다시 살리십니다(엡 2:4~5 참조).

주 제

하나님은 하나님의 백성을 다시 고향으로 데려와 새 삶을 살게 하실 계획을 세우셨어요.

가스펠 링크

하나님은 에스겔에게 죽은 사람을 살리는 하나님의 능력을 보여 주셨어요. 하나님은 예수님을 죽은 자들 가운데서 살리셨고, 우리에게 영원한 생명을 주세요.

에스겔이 앞날의 소망을 이야기했어요 겔 37장

하나님은 바벨론 사람들이 남 유다를 차지하도록 허락하셨어요. 수많은 하나님의 백성이 노예로 잡혀갔어요. 에스겔 선지자도 바벨론에 있었어요. 하나님은 에스겔에게 앞날에 대한 환상을 보여 주셨어요.

환상 속에서 하나님은 오래되고 마른 뼈로 가득 찬 골짜기로 에스겔을 데려가셨어요. "이 뼈들이 살아날 수 있겠느냐?"라고 하나님이 에스겔에게 물으셨어요. 에스겔은 "하나님, 그 답은 오직 하나님만 아십니다"라고 대답했어요.

하나님이 말씀하셨어요. "나를 대신해 이 뼈들에게 말해라. '마른 뼈들아, 하나님의 말씀을 들어라! 내가 너희 안에 숨을 불어 넣어, 너희가 다시 살아나게 할 것이다. 그러면 너희는 살아나고, 내가 하나님인 줄 알 것이다.'"

에스겔이 하나님의 명령대로 말했어요. 그랬더니 갑자기 달그락거리는 소리가 나기 시작했어요. 뼈들이 서로 붙고 있었지요. 뼈가 서로 연결되고, 뼈 위에 힘줄과 살이 붙더니, 그 위에 피부가 덮였어요. 하지만 아직 숨을 쉬지는 않았어요.

하나님이 말씀하셨어요. "나 대신 말해라. '하나님의 말씀이다. 생기야, 사방에서 나와서 뼈에게 들어가 그들이 살아나게 하라!'" 에스겔이 하나님의 명령대로 말하자, 생기가 마른 뼈들에 들어갔어요. 뼈들은 살아났고 매우 큰 군대가 되어 에스겔 앞에 섰어요. 하나님은 에스겔에게 "이 뼈들은 이스라엘 백성이다"라고 말씀하셨어요.

이스라엘 백성은 슬펐어요. 그들은 고향을 떠나 낯선 땅에 살며 다른 나라의 왕을 섬겨야 했기 때문이에요. 하나님은 에스겔에게 백성을 향해 이렇게 말하라고 하셨어요. "하나님의 말씀이다. 내가 너희 안에 내 영을 줄 것이니 너희가 살아날 것이다. 그리고 너희를 너희의 땅 이스라엘에서 살게 할 것이다."

하나님은 에스겔에게 막대기 하나를 가져다가 그 위에 '유다와 그의 친구 이스라엘'이라고 쓰라고 하셨어요. 그리고 두 번째 막대기를 가져다가 그 위에 '에브라임의 막대기, 곧 요셉과 그의 친구인 모든 이스라엘 족속'이라고 쓰라고 하셨지요. 첫 번째 막대기는 남 유다를, 두 번째 막대기는 북 이스라엘을 나타내요. 하나님은 에스겔에게 두 막대기가 하나가 되도록 잡으라고 하셨어요. 그리고는 하나님의 백성이 다시 하나가 될 것이라고 말씀하셨어요. 새 왕이 나타나 그들을 다스리고 이끌 것이라고 말씀하셨어요. "내 백성은 내가 그들의 조상에게 준 땅에서 영원히 살 것이다."

하나님은 하나님의 백성과 평화의 언약을 맺겠다고 말씀하셨어요. "내가 그들과 함께하겠다. 나는 그들의 하나님이 되고, 그들은 내 백성이 될 것이다. 그러면 모든 사람이 내가 하나님인 줄 알게 될 것이다." 이 언약은 영원한 언약이 될 거예요.

● ● ● 가스펠 링크

하나님은 에스겔에게 마른 뼈로 가득 찬 골짜기를 보여 주셨어요. 마른 뼈들은 죄를 지은 우리의 모습을 생각나게 해요. 하나님은 에스겔에게 죽은 사람을 살리는 하나님의 능력을 보여 주셨어요. 우리는 십자가에서 하나님의 능력을 보아요. 예수님은 죄인들을 구하려고 죽으셨어요. 하나님은 예수님을 죽은 자들 가운데서 살리신 것처럼, 우리에게 영원한 생명을 주세요.

가스펠 준비

👑 환영

도착하는 아이들을 반갑게 맞이하고 헌금, 출석, QT 등을 확인하며 격려한다. 새 친구가 있다면 소개한다. 편안한 분위기에서 안부를 물으며 오늘의 말씀과 관련된 화제로 이야기를 나눈다. 아이들에게 우리 몸에 있는 뼈에 대해 이야기를 나눈다. 자발적으로 대화에 참여하도록 이끈다.

예) "우리의 몸에 뼈가 몇 개나 있을까요?", "어느 뼈가 가장 튼튼할까요?" 등.

— 사람은 270개의 뼈를 가지고 태어나지만, 성장하면서 상당수의 뼈가 서로 합쳐져 성인이 되면 206개가 된대요. 참 놀랍죠? 오늘 우리가 배우게 될 에스겔은 뼈가 가득한 골짜기를 봤다고 해요! 좀 무섭다고요? 알고 보면 조금도 무서운 이야기가 아니에요. 놀라운 이야기지요!

🎁 마음 열기

찰흙 인간 만들기 ✱

[준비물] 찰흙, 철사

① 철사로 사람의 골격을 만들게 한다. 가만히 서 있는 모양이 아니라 역동적인 자세를 취하는 다양한 동작의 골격을 만들어 보게 한다.

② 찰흙으로 철사 골격에 살을 입히게 한다.

③ 각자의 찰흙 인간이 어떤 동작을 하고 있는지 설명하게 한다.

— 하나님이 우리 몸을 만드셨어요. 우리 몸에는 몸을 지탱해 주는 뼈들이 있지요. 뼈가 없다면 머리도 어깨도 무릎도 발가락도 없었을 거예요! 근육 때문에 우리가 움직일 수 있고 기관들이 있어서 숨쉬고 먹고 보고 듣고 냄새 맡고 생각할 수 있어요! 오늘 우리는 에스겔이 본 환상에 대한 이야기를 들을 거예요. 그 환상에서 하나님은 뼈들을 다시 모아 조립하시고 다시 완전한 몸이 되게 하셨대요!

풍선 뼈가 살아났어요 ✱

[준비물] 풍선, 마스킹 테이프

① 시작 전에 다양한 색과 모양의 작은 풍선을 준비한다.

② 아이들을 2팀으로 나누고 각 팀에 마스킹 테이프 한 롤과 풍선을 나눠준다. 팀별 풍선의 수는 같아야 한다.

③ 팀원 중 한 명을 골라 모델이 되도록 한다. 나머지 아이들은 풍선을 불어 모델 몸에 붙인다.

④ 1분 후에 각 팀의 모델을 앞으로 불러 몸에 붙은 풍선의 개수를 센다. 풍선이 많이 달린 팀이 이긴다.

— 여러분은 이 풍선들을 살아나게 만들었어요! 오늘 우리가 들을 성경 이야기는 에스겔 선지자가 환상을 보던 때의 이야기예요. 하나님이 마른 뼈들에 숨을 불어넣으셔서 살아나게 만드셨어요! 정말 놀라워요!

13 | 에스겔이 앞날의 소망을 이야기했어요

가스펠 설교

들어가기

[준비물] 경비원 복장(검정 바지, 파란색 또는 흰색 셔츠), **경비원 배지, 손전등, 열쇠 꾸러미**

경비원 복장을 하고 가슴에는 배지를 달고 등장한다. 열쇠 꾸러미와 손전등을 들고 예배실을 조심스럽게 살피며 들어온다. 아이들을 발견한다.

여러분, 안녕하세요! 우리 박물관에 다시 온 것을 환영해요. 제가 보기에도 이번 전시는 꽤 멋져요. 에스겔이 환상으로 본 뼈로 가득 찬 골짜기의 모습이 전시되어 있거든요! 수많은 뼈가 다시 살아나는 모습을 보여 주기 위해 특수 홀로그램 기술도 썼어요! 하지만 한 가지 안타까운 점은 아직 설치가 완료되지 않았다는 거예요. 좀 복잡한 부품들이 많이 필요하거든요. 그래도 걱정 마세요. 전시의 배경이 되는 성경 이야기를 잘 알고 있는 제가 그 이야기를 들려줄테니까요.

연대표

하나님이 예레미야를 부르셨어요

예레미야가 새 언약에 대해 예언했어요

남 유다 백성이 포로로 잡혀갔어요

에스겔이 앞날의 소망을 이야기 했어요

지난주 성경 이야기는 **남 유다의 죄 때문에 하나님은 그들을 바벨론의 포로가 되어 쫓겨나게 하셨다**는 이야기였어요. 남 유다 백성은 엄청나게 슬펐을 거예요. 아마 하나님께 버림받은 기분이었을지도 모르지요. 하지만 하나님은 그들을 버리지 않으셨어요. 오히려 그 반대였지요. 하나님은 백성의 죄를 벌하셨지만 에스겔을 통해 기쁜 소식을 전하셨어요. 연대표에서 오늘의 성경 이야기를 가리킨다. 오늘 성경 이야기의 제목은 "에스겔이 앞날의 소망을 이야기했어요"예요.

성경의 초점

성경 이야기를 시작하기 전에 '성경의 초점'을 함께 복습해 보아요. 하나님의 은혜는 우리가 어떤 일을 해서 얻어낼 수 있는 것이 아니에요. 우리는 이 사실을 잘 알고 있어요. 그렇다면 **우리는 왜 하나님께 순종해야 하나요? 하나님이 우리를 사랑하시기 때문이에요.**

성경 이야기

에스겔 37장을 펴고, 설교 영상(지도자용 팩)을 보여 주거나 이야기 성경을 들려준다.

에스겔이 봤던 광경을 직접 본다면 어떤 기분이 들까요? 수많은 마른 뼈가 달그락달그락 움직이더니 서로 연결되고 그 위에 근육과 피부가 생겨나는 장면을요! 하나님의 말씀을 들은 에스겔은 **하나님이 하나님의 백성을 다시 고향으로 데려와 새 삶을 살게 하실 계획을 세우셨다**는 것을 알게 되었어요. 마른 뼈는 하나님의 백성과 같아요. 또한 죄를 지은 우리의 모습과도 같지요. 예수님이 없다면 우리는 죄 때문에 죽은 것이나 마찬가지예요. 오래되어 마른 뼈처럼 말이에요. 하지만 하나님은 마른 뼈들에 숨을 불어 넣으셔서 죽은 사람을 살리시는 하나님의 능력을 보여 주셨어요.

하나님은 이와 같은 능력을 예수님을 통해서 또 보여 주셨어요. 예수님은 죄인들을 구하기 위해 십자가에서 죽으셨어요. 그리고 3일째 되던 날, 하나님이 죽은 자들 가운데서 예수님을 살리셨어요. 마른 뼈를 살리셨던 것처럼 말이에요. 예수님을 믿고 의지할 때 하나님은 우리에게 영원한 생명을 주세요. 돌 같이 딱딱하게 굳은 마음을 없애고, 부드럽게 살아 있는 새 마음을 주세요.

복 / 습 / 질 / 문

1 에스겔이 환상에서 본 골짜기에는 무엇이 가득 차 있었나요?

뼈들로 가득차 있었다 (겔 37:1)

2 하나님은 에스겔에게 뼈들과 관련해 뭐라고 질문하셨나요?

하나님은 에스겔에게 이 뼈들이 살아날 수 있겠냐고 물으셨다 (겔 37:3)

3 에스겔은 하나님의 질문에 뭐라고 대답했나요?

하나님이 아신다고 대답했다 (겔 37:3)

4 에스겔이 뼈들에게 하나님의 말씀을 대신 말했을 때 어떤 일이 일어났나요?

뼈가 서로 연결되고, 뼈에 힘줄과 살과 피부가 생겼다 (겔 37:7~8)

5 하지만 뼈 안에는 무엇이 없었나요?

생기 (겔 37:8)

6 무엇이 뼈들을 살아나게 했나요?

에스겔이 생기를 향하여 뼈들에게 들어가라고 하나님 대신 명령하자 뼈들이 살아났다 (겔 37:9~10)

7 하나님은 그 뼈들이 누구와 같다고 하셨나요?

이스라엘 백성과 같다고 하셨다 (겔 37:11)

8 하나님이 에스겔에게 보여 주신 두 번째 환상에는 무엇이 있었나요?

막대기 2개 (겔 37:16)

9 에스겔은 막대기 위에 각각 무엇이라고 썼나요?

'유다와 그의 짝 이스라엘 자손', '에브라임의 막대기 곧 요셉과 그의 짝 이스라엘 온 족속' (겔 37:16)

10 두 막대기를 하나로 연결한 것은 무엇을 의미하나요?

나누어졌던 하나님의 백성이 하나의 나라를 이룰 것을 의미한다 (겔 37:21~22)

마른 뼈들은 꼭 죄를 지은 우리의 모습 같아요. 예수님을 떠난 우리는 죄 가운데서 죽어 있는 것과 마찬가지예요. 에스겔에게 죽은 자를 다시 살리시는 하나님의 능력을 보여 주신 것처럼, 하나님은 우리에게 십자가를 통해 하나님의 능력을 보게 하세요. 예수님은 죄인들을 살리기 위해 죽으셨어요. 하나님은 예수님을 죽은 자들 가운데서 다시 살리신 것처럼 우리에게 영원한 생명을 주세요.

 ### 찬양

하나님의 새 약속

나를 향한 하나님 약속
마음에 새겨주신 하나님의 법

죄로 물든 맘 새롭게 바꾸사
하나님 명령 순종할 힘을 주시네

마른 뼈가 살아나리 주님 나와 함께하리
나를 사랑하시네
주의 영이 내 안에 나의 하나님 되시네
나는 주의 소유가 되리라
주의 백성 되리라.

 ※지도자용 팩 또는 가스펠 프로젝트 홈페이지(gospelproject.co.kr)에서 이용하세요.

 ### 복음 초청

성경과 121쪽 복음 초청 가이드를 이용해서 아이들에게 그리스도인이 되는 법을 설명해 준다. 따로 상담해 줄 사람을 정해 주고 궁금한 점이 있으면 물어보도록 격려한다.

이 시간 예수님을 마음에 모시고 싶은 친구는 함께 기도해요.

 ### 기도

하나님, 생명을 주시는 하나님을 찬양합니다. 예수님이 우리를 위해 죽으시고 살아나심으로 이제 우리가 하나님 안에서 새 생명을 얻었다는 것을 믿습니다. 우리를 언제나 사랑하시는 하나님을 더욱 사랑하며 하나님 말씀에 순종할 수 있도록 인도해 주세요. 예수님의 이름으로 기도합니다. 아멘.

 ### 적용

TIP 설교 도입이나 적용으로 활용하거나 영상을 본 뒤 소그룹으로 나누어 풍성한 대화를 이어 갈 수 있습니다.

어떤 것을 보고 살아 있는지 혹은 죽어 있는지 알 수 없었던 적이 있나요? 그런 생각을 하면서 이 영상을 함께 보아요.

 적용 예화 영상(지도자용 팩)을 보여 준다.

에스겔은 환상에서 하나님이 마른 뼈를 다시 살리시는 모습을 보았어요. 하나님은 우리를 위해 죽으신 예수님도 다시 살리셨어요. 예수님을 떠난 우리는 죄 가운데 죽어 있는 것과 같아요. 예수님을 믿고 의지할 때 하나님은 우리에게 새 생명을 주세요. 마치 마른 뼈들이 살아난 것처럼 말이에요. 우리는 이 좋은 소식을 다른 사람에게도 전해야 해요!

가스펠 소그룹

10~20분

 ## 나침반

마른 뼈가 살아나요!

[준비물] 학생용 교재 78쪽, 연필

① 아래 그림에서 알맞은 뼈 모양의 그림을 찾아 예레미야 31장 33절 말씀을 완성해 보라고 한다.

② 완성한 말씀을 큰 목소리로 함께 읽는다.

그 날 후에

내가   이스라엘   집과 맺은   언약   은 이러하니

곧 내가 나의   법   을 그들의 속에 두며

그들의   마음   에 기록하여

나는 그들의   하나님   이 되고

그들은 내   백성   이 될 것이라

여호와의 말씀이니라

예레미야 31장 33절

하나님은 에스겔에게 죽은 사람을 살리시는 하나님의 능력을 보여 주셨어요. 하나님의 능력은 십자가에서도 볼 수 있어요. 예수님은 죄인들을 구하기 위해 십자가에서 죽으셨다가 다시 살아나셨어요. 하나님은 예수님을 통해 우리에게 영원한 생명을 주세요.

말씀 연결하기 *

[준비물] '에스겔의 뼈'(126쪽 또는 지도자용 팩), **가위, 매직, 옷핀**

① '에스겔의 뼈'를 출력 또는 복사하여 준비한다.

② 아이들에게 '에스겔의 뼈'를 나누어 주고 자르게 한 뒤, 3단원 암송 구절을 어절별로 쓰게 한다.

③ 다 적은 후에 암송 구절 순서대로 배열하게 한다.

④ 여러 번 읽으며 암송하고, 옷핀으로 뼈를 연결해 보라고 한다.

하나님의 백성은 그들의 고향이 아닌 곳에서 살고 있었어요. 그들은 고향으로 돌아가고 싶었어요. **하나님은 하나님의 백성을 다시 고향으로 데려와 새 삶을 살게 하실 계**

획을 세우셨어요. 그리고 그들의 죄를 없애고 영원히 다스릴 한 왕을 세우시겠다고 약속하셨어요. 예수님이 바로 그 왕이에요! 예수님은 우리를 죄에서 구하기 위해 죽으시고 다시 살아나심으로 예수님을 믿고 의지하는 사람에게 생명을 주세요. 그리고 하나님의 백성이 하나가 되게 해 주세요.

 ## 보물 지도

몸이 사라지기 전에

[준비물] **화이트보드**(칠판), **보드마커**(분필), **보드 지우개, 성경**

① 화이트보드에 사람의 몸을 2개 그린다. (선으로 단순하게 그려도 좋다.)

② 아이들을 2팀으로 나누고 오늘의 성경 이야기와 관련된 질문을 하면 답을 맞혀 보라고 한다. 어려워하는 아이들에게는 성경의 장과 절을 알려 주어 답을 찾을 수 있도록 도와준다.

③ 아이들이 틀린 답을 말하면 '다리→팔→몸통→머리' 순으로 몸 일부분을 하나씩 지운다. 정답을 바로 말하면 지운 부분을 다시 그려 넣는다.

④ 머리를 지우기 전에 모든 문제를 다 맞힌 팀이 이긴다.

1 마른 뼈가 가득한 골짜기 환상을 본 사람은 누구인가요?

에스겔 (겔 37:1)

2 에스겔이 뼈들에게 하나님의 말씀을 대신 말했을 때 어떤 일이 일어났나요?

뼈가 서로 연결되고, 뼈에 힘줄과 살과 피부가 생겼다 (겔 37:7~8)

3 뼈들은 언제부터 생명을 가지게 되었나요?

하나님의 명령에 따라 생기가 들어간 후부터 생명을 가지게 되었다 (겔 37:9~10)

4 이 환상을 통해 하나님이 하고 싶으셨던 말씀은 무엇인가요?

이스라엘 백성은 소망을 잃고 죽은 것 같은 상태였지만, 하나님이 그들을 회복하시고, 그들에게 새 생명을 채워 주실 것이다 (겔 37:11~14)

5 에스겔은 막대기 2개에 무엇이라고 썼나요?

'유다와 그의 짝 이스라엘 자손', '에브라임의 막대기 곧 요셉과 그의 짝 이스라엘 온 족속' (겔 37:16)

6 두 막대기는 어떻게 되었나요? 그것은 무슨 뜻인가요?

하나님은 에스겔에게 막대기 2개를 서로 이어 하나의 막대기가 되도록 잡으라고 하셨다. 이것은 하나님이 한 새로운 왕을 세워 하

나님의 백성을 다시 하나가 되게 하시겠다는 뜻이다 (겔 37:20~24)

하나님의 백성이 포로로 잡혀가 있을 동안에도 하나님의 계획은 이루어지고 있었어요. 하나님의 백성은 죄를 지었지만, **하나님은 하나님의 백성을 고향으로 데려와 새로운 삶을 살게 할 계획을 세우셨어요.** 그리고 하나님의 백성에게 영원한 왕을 세우겠다고 약속하셨어요.

 탐험하기

마른 뼈 미로

[준비물] 학생용 교재 79쪽, 연필

① 아이들에게 마른 뼈의 골짜기를 지나 목적지까지 도착해 보라고 한다.

② 골짜기를 지나면서 찾은 문장을 아래 빈칸에 적어 보라고 한다.

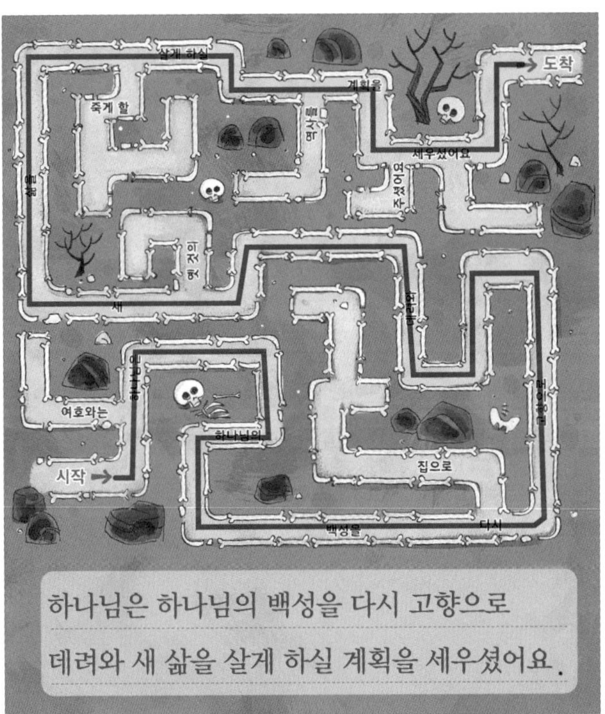

오늘 우리는 **하나님이 하나님의 백성을 다시 고향으로 데려와 새 삶을 살게 하실 계획을 세우셨다**는 것을 배웠어요. 자기 고향으로 돌아가게 될 것이라는 소식을 들었을 때 사람들은 얼마나 기뻤을까요? 하나님은 크신 사랑으로 하나님의 백성을 용서하시고, 앞날에 대한 소망을 주셨어요. 우리에게도 앞날에 대한 소망이 있어요. 예수님을 믿고 의지하는 사람은 누구나 죄를 용서받는다는 것이지요. 죄는 우리를 죽이지만, 하나님은 우리를 살리세요! 하나님은 우리가 하나님과 함께 영원히 살 것이라고 약속하셨어요.

마른 뼈가 살아났어요 *

[준비물] 면봉, 풀, 색 도화지(검은색, 흰색), 색연필 또는 사인펜, 가위

① 아이 한 명당 검은색 도화지 한 장과 면봉 15개를 나누어 준다.

② 면봉을 사용해 도화지 위에 우리 몸의 뼈를 만들어 붙여 보라고 한다.

③ 머리는 흰 종이에 그림으로 그려 따로 붙이라고 한다.

에스겔이 본 환상에서 마른 뼈들이 서로 연결되고 살아났어요. 이 환상이 무슨 뜻이었는지 기억하나요? **하나님은 하나님의 백성을 다시 고향으로 데려와 새 삶을 살게 하실 계획을 세우셨어요.**

흩어져! 모여! *

[준비물] 흰색 도화지, 색연필

① 아이들 중에서 술래 2명을 정하고, 한 아이에게는 '남 유다', 다른 술래에게는 '북 이스라엘'이라고 이름을 붙여 준다.

② 인도자가 "흩어져!"라고 외치면, '남 유다'와 '북 이스라엘'이 아이들을 쫓아다니며 잡아야 한다고 말해 준다.

③ 술래에게 잡힌 사람은 자기를 잡은 술래나 이미 잡힌 다른 아이의 손을 잡으라고 말해 준다.

④ 모든 아이가 술래에게 잡히면, 술래를 바꾸어 놀이를 반복한다.

하나님은 하나님의 백성을 여러 나라로 흩으셨어요. 그들의 죄 때문에 다른 나라에 포로로 잡혀가게 하셨지요. 하지만 하나님은 계속해서 그들을 사랑하셨어요. **하나님은 하나님의 백성을 다시 고향으로 데려와 새 삶을 살게 하실 계획을 세우셨어요!** 하나님은 예수님을 보내 십자가에서 죽게 하셨어요. 우리를 구원하기 위해 대신 죗값을 치르게 하신 거예요. 예수님을 믿고 의지하면 하나님은 우리의 죄를 용서하시고, 우리에게 새 생명을 주시며, 하나님과 하나 되게 해 주세요.

 ## 보물 상자

나만의 기록장

[준비물] 학생용 교재 80쪽, 연필이나 색연필

① 아이들에게 지금 다른 나라에 포로로 잡혀 있다고 상상해 보라고 한다.

② 포로가 되기 전의 생활을 생각할 때 가장 그리워할 것은 무엇일지 그림이나 글로 표현해 보라고 한다.

—— 우리가 사는 세상은 죄 때문에 망가졌어요. 하나님은 처음에 이 세상을 완벽하게 창조하셨어요. 죄로 망가지기 이전에 우리는 에덴에서 하나님과 행복한 시간을 보냈지요. 하지만 죄로 인해서 그 행복했던 시간은 이제 추억이 되어 버렸어요. 그러나 이 땅에 오신 예수님 때문에 행복했던 그 시절을 회복할 수 있게 되었어요. 예수님께서 다시 오시는 날, 우리의 영원한 기쁨과 즐거움은 회복될 거예요.

메시지 카드

이번 주 메시지 카드로 부모님과 함께 오늘 배운 성경 이야기를 나누어 보라고 한다.

기도

하나님, 예수님을 보내 우리의 영원한 왕이 되게 하시고, 우리가 영원히 하나님과 함께할 수 있도록 해 주셔서 감사합니다. 하나님의 백성을 회복하시는 하나님의 크신 사랑 덕분에 얼마나 기쁜지 몰라요. 날마다 하나님의 사랑을 경험하며, 또 하나님의 사랑을 다른 사람에게 전하는 우리가 되도록 인도해 주세요. 예수님의 이름으로 기도합니다. 아멘.

나를 위한
하나님의
멋진 계획

'복음'이라는 말을
들어 본 적 있니?
복음이란
'좋은 소식'이라는 뜻이야.
우리에게 보내신 하나님의
좋은 소식이 무엇일까?

하나님은 세상을 만드셨단다

하나님은 온 세상을 만드셨고 사람을 아름답게 창조하셨어.

(창세기 1:1; 골로새서 1:16~17; 요한계시록 4:11)

사람들은 죄를 짓고 하나님을 떠났어

그런데 사람들은 모두 죄를 지었고 하나님에게서 떠나 버렸어.
죄를 짓고 하나님과 관계가 끊어진 사람들은 결국 죽을 수밖에 없단다.

(로마서 3:23, 6:23)

하나님은 구원 계획을 갖고 계신단다

우리는 아무리 노력해도 하나님과 하나 될 수 없었고 죽을 수밖에
없었어. 그래서 하나님은 우리를 구원하시고 다시 살리시기 위해서
예수님을 보내 주셨단다.

(요한복음 3:16; 에베소서 2:8~9)

예수님이 우리에게 생명을 주셨어

예수님은 우리의 죄를 씻어 주시려고 십자가에서 우리 대신 죽으셨단다.
우리는 예수님 때문에 다시 깨끗해졌고 하나님과 함께 살 수 있게
되었어. 예수님이 자기의 생명을 내어 주셨기 때문에 우리는 영원한
생명을 얻을 수 있게 되었고 하나님과 함께 살 수 있게 되었어.
이것이 하나님의 최고의 선물이야!

(로마서 5:8; 고린도후서 5:21; 베드로전서 3:18)

예수님! 우리 마음에 오세요!

예수님을 믿고 마음에 받아들이면 하나님의 자녀가 된단다.
이것이 가장 좋은 소식, 복된 소식, 복음이란다.

(요한복음 1:12~13; 로마서 10:9~10, 13)

예수님을 영접하기 원하는 어린이가 있다면 개인적으로 상담하고
영접 기도를 할 수 있도록 도와주세요.
예수님이 ○○를 사랑하시는 것을 믿겠니?
예수님이 ○○의 죄를 씻어 주신 것을 믿겠니?
예수님을 ○○의 마음에 받아들이겠니?

믿음을 고백하고 예수님을 영접하기 원하는 어린이를 위해 간절히 기
도해 주세요.
이제 ○○는 하나님의 자녀(아들, 딸)가 되었어!
이것이 예수님을 통해 ○○에게 이루어 주신 하나님의 계획이야!
　○○야, 하나님의 자녀(아들, 딸) 된 것을 축하해!

옛적에 선지자들을 통하여

여러 부분과 여러 모양으로

우리 조상들에게 말씀하신 하나님이

이 모든 날 마지막에는 아들을 통하여

우리에게 말씀하셨으니

히브리서 1장 1~2 상반절

너희는 옷을 찢지 말고 마음을 찢고

너희 하나님 여호와께로 돌아올지어다

그는 은혜로우시며 자비로우시며

노하기를 더디하시며 인애가 크시사

뜻을 돌이켜 재앙을 내리지 아니하시나니

요엘 2장 13절

그 날 후에 내가 이스라엘 집과 맺을

언약은 이러하니 곧 내가 나의 법을

그들의 속에 두며 그들의 마음에 기록하여

나는 그들의 하나님이 되고

그들은 내 백성이 될 것이라

여호와의 말씀이니라

예레미야 31장 33절

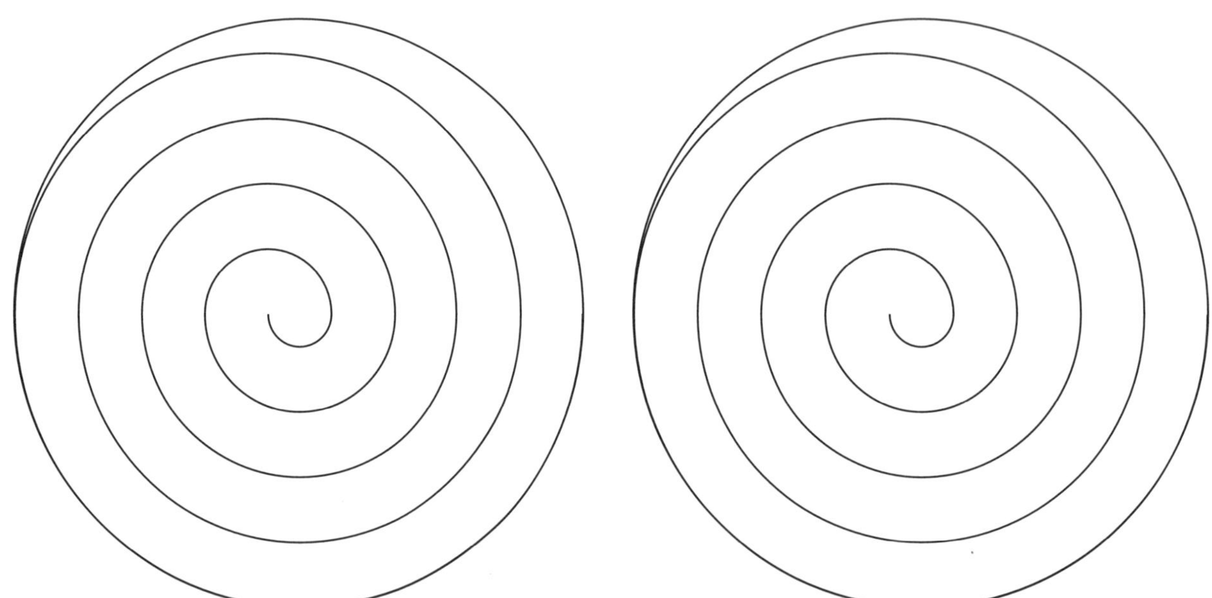

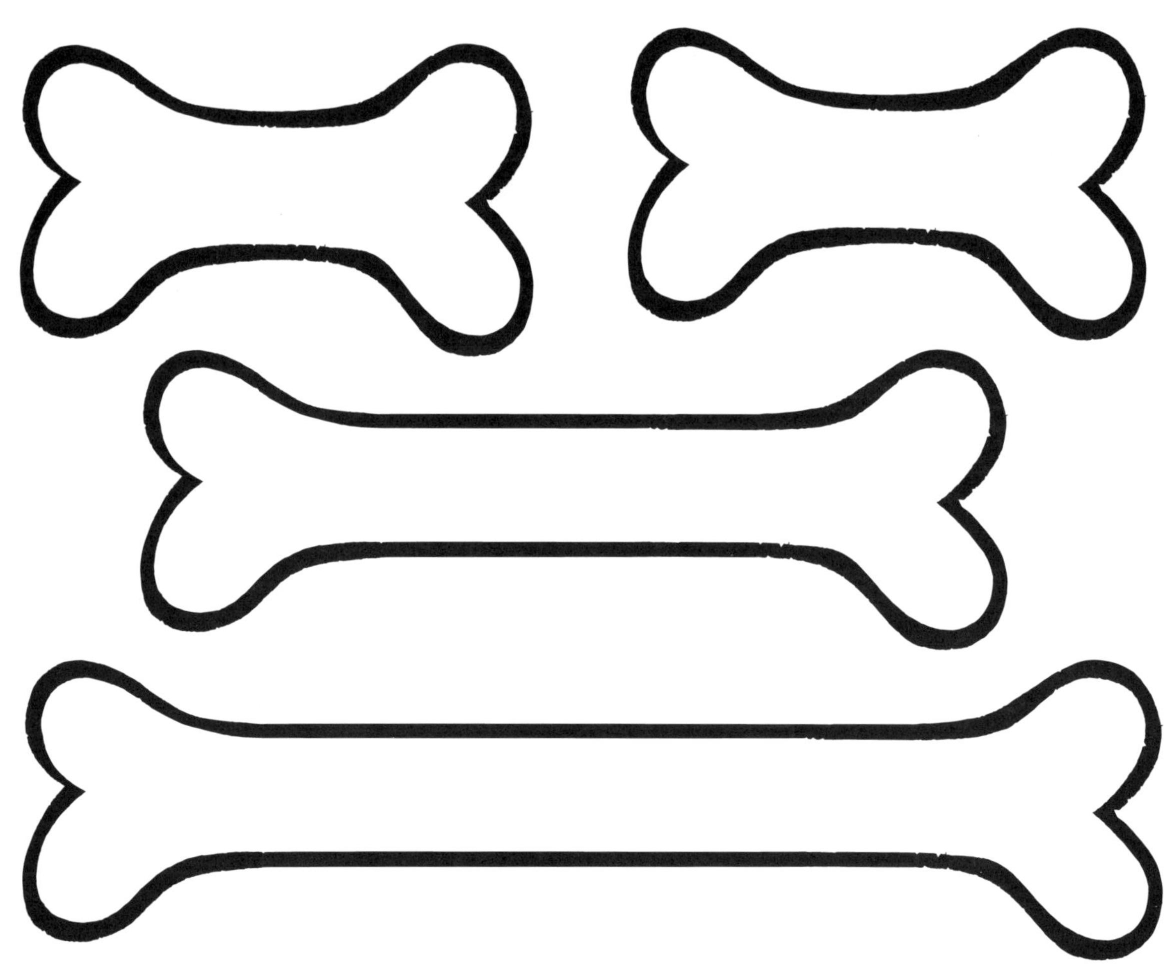

호세아	고멜
로암미	로루하마
하나님	이스르엘
이스라엘	백성에게 죄가 있음에도 불구하고 그들을 사랑했어요.
하나님께 불충실했고 복종하기를 거부했어요.	하나님이 북 이스라엘을 더 이상 불쌍하게 여기지 않고, 지은 죄에 마땅한 벌을 내리겠다는 뜻
하나님이 북 이스라엘 왕국을 멸망시킬 것이라는 뜻	하나님 대신 우상을 섬기는 북 이스라엘 백성은 더 이상 하나님의 백성이 아니라는 뜻
고멜을 사랑했고 고멜이 도망갔을 때 돈을 주고 그녀를 되찾아 왔어요.	호세아가 끊임없이 사랑해 주었지만 그에게서 도망갔어요.

교육 철학인가, 교육 방법론인가?

'철학'이라는 용어는 종종 부정적으로 사용됩니다. 하지만 사실 정의를 보면 철학은 긍정적이지도, 부정적이지도 않은 중립적인 단어입니다. 미리암 웹스터 사전의 정의에 따르면, 철학이란 "한 개인이나 집단의 가장 기본적인 신념, 개념, 또는 태도"입니다.

주일학교 사역을 하다 보면 철학과 방법론이 혼동될 때가 있습니다. 방법은 철학을 나타낼 수는 있지만, 철학보다 훨씬 유동적입니다. 다음의 방법으로 둘을 구별할 수 있습니다.

1. 철학은 성경적 신념 위에 세워집니다. 아이들을 예수님께 인도하려는 열망도 철학의 한 내용이 됩니다. 반면 방법은 우리의 성경적 신념을 가르치는 수단입니다. 아이들을 예수님께 인도하기 위해 공동체 게임, 단어 찾기, 만들기, 영상 등의 수단을 동원하는 것입니다.

2. 철학은 굉장히 개인적이며, 오랜 시간이 지나도 근본적인 것은 거의 변하지 않거나 전혀 변하지 않습니다. 반면 방법은 유연성이 있습니다. 10년마다, 해마다, 주마다 변하며 아이들에 따라서도 달라집니다.

3. 철학은 분명하고 간결하게 표현할 수 있습니다. 반면 방법은 무한히 나열할 수 있습니다.

그렇다면 "색칠 공부를 하는 것은 철학에 기반한 것입니까, 방법론에 기반한 것입니까?" 대답을 하기 전에 유치부실 앞 복도나 초등부실 앞 복도를 한번 살펴보십시오. 만약 그림이나 공작품들이 모두 비슷하다면 교사들은 과정보다 결과를 중요하게 생각했을 것입니다. 만약 그림이 추상화 같고 공작품들이 비뚤비뚤하다면 교사들은 결과보다 과정을 우선시하는 철학을 가지고 있을 가능성이 있습니다.

저는 두 번째 시나리오가 더 마음에 듭니다. 그래야 거의 변하지 않는 제 철학을 동력 삼아 다양한 방법들을 추진해 나갈 수 있을 것이기 때문입니다. 여러분은 어느 쪽이 더 좋으십니까?

랜드리 홈스(Landry Holmes)는
라이프웨이크리스천리소스(LifeWay Christian Resources)
어린이 사역부 매니저이며, 테네시 중부에 있는
교회의 유치부와 초등부에서 가르치고 있습니다.

어린이 사역:
교육과 행정,
두 개의 은사
하나의 사명

사람들은 흔히 주일학교라고 하면 알록달록한 매트 위에 둥그렇게 앉아 귀를 쫑긋 세우고 있는 아이들에게 웃음 띤 얼굴로 성경 이야기를 들려주는 선생님의 모습을 떠올립니다. 혹은 아이들이 좋아할 만한 주제로 밝게 꾸민 무대 위에서 환한 조명을 받으며 열정적으로 성경의 진리를 쏟아내는 설교자를 떠올리는 사람도 있을 것입니다. 이처럼 주일학교 사역자는 주로 성경 개념을 아이들에게 잘 전달하는 재능을 가진 선생님으로 생각합니다.

대부분의 주일학교 사역자는 교사와 같이 가르치는 은사를 가진 사람들입니다. 그러나 주일학교를 섬겨 본 사람이라면 아이들을 가르치는 시간은 사역에서 작은 부분에 불과하다는 것을 알고 있습니다. 주일학교 전임 사역자들이 일주일의 시간을 어떻게 사용하는지를 살펴보면 아이들과 직접 만나 함께하는 시간은 고작 10%도 되지 않는다는 사실을 발견하게 될 것입니다. 나머지 90%는 혼자, 사무실에서, 책상에 앉아, 전화하거나 컴퓨터를 하며, 행정이라고 불릴 만한 일을 하는데 시간을 쓰고 있습니다. 이런 일에는 전략적인 계획 수립, 예산 기획과 집행, 봉사자 모집, 교육 정책 검토, 교사회 운영, 교육과정 점검과 선택, 그리고 예배 준비 등이 있습니다. 하지만 많은 사람이 이런 일들을 지루하고 소모적이며 성취감도 주지 못하는, 그러나 어쩔 수 없이 해야 하는 일로 여깁니다. 이렇게 그다지 매력적이지 않아 보이는 일을 하는 데에는 가르치는 은사와는 다른 종류의 은사가 필요합니다.

바울은 고린도전서 12장에서 하나님이 효과적인 사역을 위해 하나님의 백성에게 각자 다른 은사들을 주신다고 말합니다. 치유의 은사, 복음 전파의 은사를 비롯해 그가 나열한 일련의 은사 목록에는 가르치는 은사와 다스리는 은사도 포함되어 있습니다. 두 은사 모두 하나님이 주시는 것이기에 이 모두 사역을 해 나가는 데 중요합니다. 그럼에도 우리는 교회 행정이나 그 밖의 행정적인 일들을 처리하는 것이 사역의 핵심적인 요소가 되고 있다는 점을 너무나 쉽게 간과합니다.

행정이란 업무 또는 조직을 관리하는 일입니다. 여기에는 지시하고 감독하는 일도 포함됩니다. 조직의 관점에서 보았을 때 행정은 리더십입니다. 사역자들은 행정을 통해 사역을 수행합니다. 그러므로 주일학교 사역자가 되려면 소통에 재능이 있어야 하며, 또한 행정도 잘 해야 합니다. 말하자면 좋은 사역자는 체계적이고, 전략적인 사고를 하며, 비전을 제시할 줄 알고, 방향성을 가지고 나아가며, 팀에 필요한 것들을 갖출 줄 알아야 한다는 뜻입니다.

그저 아이들과 어울리는 것이 좋아서 주일학교를 섬기기 시작한 사람들은 그 일에 따르는 행정적인 일 때문에 어려움을 겪습니다. 비단 이 글을 읽고 있는 여러분만 그런 것이 아닙니다. 하지만 여러분이 행정적인 은사가 없다고 믿으며 그 일에서 손을 떼기 전에, 영적인 은사는 하나님이 자산으로 주신 것이지 변명하라고 주신 것이 아니라는 점을 기억하시기 바랍니다. 복음 전파의 은사를 가진 사람이 복음을 전할 때 놀라운 결과가 나타나는 것은 사실입니다. 하지만 복음 전파의 '은사'를 가지고 있든 그렇지 않든, 그리스도인이라면 누구나 그리스도에 관한 좋은 소식을 전하도록 부름을 받았습니다.

마찬가지로 사역을 직업으로 하는 사람이라면 누구나 어느 정도의 행정을 감당해야 할 책임이 있습니다. 그렇다면 행정 때문에 어려움을 겪고 있는 사람들은 어떻게 해야 할까요? 여러분의 기운을 북돋을 몇 가지 조언을 준비했습니다.

-다음 장에 계속-

1. 피하지 말고 일단 시작하십시오.

'재미없는' 어려운 과제를 맞닥뜨릴 때 범하기 쉬운 가장 큰 실수는 그 과제를 완전히 회피하는 것입니다. 중요한 문제를 해결하지 않고 내버려 두면 시간이 흐르면서 점점 더 커지기 마련입니다. 단기적으로는 그 일을 해야 하는 어려움을 피함으로써 여러분이 문제에서 벗어났다고 느낄지 모릅니다. 하지만 일을 미루다가 더 많은 스트레스를 받게 되고, 장기적으로는 여러분의 사역에도 큰 지장이 생기게 될 것입니다. 그동안 미루어 두었던 행정 업무가 있다면 지금 당장 해치우십시오. 지출 보고서 작성이나 주일학교 정책 수정을 미루고 있다면 지금 즉시 작업을 시작하십시오. 바로 지금이 시작하기 가장 좋을 때입니다.

2. 조금씩 해 나가십시오.

처리할 서류가 하나둘 쌓이다 보면 그것을 모두 처리하는 것이 불가능해 보입니다. 한 번에 다 끝내야 한다는 생각에 사로잡혀 지레 포기하지 마십시오. 우선순위를 정한 뒤 오늘 끝낼 수 있는 일부터 하나씩 시작하면 됩니다.

재정 전문가 데이브 램지는 빚을 없애기 위해서는 큰 빚을 한 번에 하나씩 공략하라고 가르쳐 줍니다. 하나를 다 갚은 후 다음 빚을 갚아 나가는 것입니다. 물론 모든 일을 다 하려면 어느 정도는 동시에 여러 개의 작업을 수행하는 일이 필요합니다. 하지만 어느 하나에도 집중하지 못한다면 아무것도 끝낼 수 없습니다. 해야 할 일들을 우선순위에 따라 열거하고, 한 번에 하나씩 처리해 나가십시오. 해야 할 일들이 목록에서 하나씩 지워질 때마다 행정이라는 돛에 순풍이 불기 시작할 것입니다.

3. 열심히 하십시오.

하나님이 여러분에게 소명을 주셨다고 해서 사역이 쉬울 것이라 생각하면 큰 오산입니다. 성경은 사역이 일이라고 분명히 말합니다. 에베소서 4장 12절은 하나님이 은사를 주신 것은 "성도를 온전하게 하

여 봉사의 일을 하게 하며 그리스도의 몸을 세우려 하심"이라고 말합니다. 그리고 디모데후서 2장 15절은 우리에게 "부끄러울 것이 없는 일꾼으로 인정된 자"가 되라고 말합니다.

하나님께 받은 은사 안에서 섬기는 일은 큰 만족과 활력을 주지만, 한편으로는 고된 노력이 필요합니다. 우리는 어떻게든 그 일을 해내야 합니다. 일이 힘들면 더 열심히 해야 합니다. 그리고 부르심에 합당하게 일하기 위해 하나님이 필요한 지혜와 인내를 주실 것을 신뢰해야 합니다.

4. 동역자를 찾으십시오.

주일학교는 함께하는 사역이라는 사실을 잊지 마시길 바랍니다. 혼자서는 결코 할 수 없습니다. 여러분에게 어떤 은사가 없다고 그 은사를 전혀 사용할 수 없다는 것은 아닙니다. 주일학교를 위한 팀을 구성할 때, 여러분의 은사를 보완해 줄 사람과 함께하는 것이 지혜로운 방법입니다. 모든 일을 혼자 하려고 하지 마십시오. 결국에는 지쳐 나가떨어지고 맙니다. 믿을만하고 자격과 은사를 갖춘 사람을 모아, 여러분의 감독 아래에서 여러분이 취약한 영역을 감당해 나가도록 권한을 주십시오.

가르치는 은사와 행정의 은사는 서로 다르고 구별되지만, 가르치는 일과 행정은 무엇 하나 사역에 없어서는 안 될 중요한 요소입니다. 간단하게 말해 행정이란 소유, 관리, 지도입니다. 이런 관점으로 접근하면 생각했던 것보다 여러분 자신이 행정을 더 잘하고 있다는 사실을 발견하게 될 것입니다. 또한 약간의 전략만 더한다면 행정도 얼마든지 재미있고 성취감을 주는 사역의 일부라는 것을 경험하게 될 것입니다.

척 피터스(Chuck Peters)는 LifeWay Kids의 기획·관리부 디렉터입니다. 중고등, 어린이 부서에서 섬기고 있습니다.

1권 **위대한 시작** 창	2권 **하나님의 구출 계획** 출, 레, 신	3권 **약속의 땅** 민, 수, 삿, 룻, 삼상	4권 **왕국의 성립** 삼상, 삼하, 왕상, 욥, 잠, 전, 시	5권 **선지자와 왕** 왕상, 왕하, 사, 호, 욘 욜, 렘, 대하, 겔	6권 **돌아온 하나님의 백성** 단, 스, 에, 느, 말
1단원 창조의 하나님	**1단원** 구출하시는 하나님	**1단원** 구원의 하나님	**1단원** 왕이신 하나님	**1단원** 계시하시는 하나님	**1단원** 보호하시는 하나님
1. 하나님이 세상을 창조하셨어요 2. 하나님이 사람을 창조하셨어요 3. 죄가 세상에 들어왔어요 4. 가인과 아벨이 제물을 드렸어요 5. 하나님이 노아와 가족을 구해 주셨어요 6. 바벨탑을 쌓던 사람들이 흩어졌어요	1. 모세를 부르셨어요 2. 이스라엘 백성은 재앙을 피했어요 3. 홍해를 건넜어요 4. 광야에서 시험을 치렀어요 5. 금송아지를 만들었어요	1. 약속의 땅을 정탐했어요 2. 놋뱀을 바라보았어요 3. 하나님이 여리고 성을 주셨어요 4. 죄 때문에 아이 성 전투에서 졌어요 5. 여호수아가 당부했어요	1. 이스라엘이 왕을 달라고 했어요 2. 하나님이 사울을 버리셨어요 3. 다윗이 골리앗과 맞섰어요 4. 다윗과 요나단이 친구가 되었어요 5. 하나님이 다윗과 언약을 맺으셨어요 6. 다윗이 하나님께 죄를 지었어요	1. 엘리야가 악한 아합을 꾸짖었어요 2. 엘리야가 이세벨을 피해 도망쳤어요 3. 하나님이 나아만을 고쳐 주셨어요 4. 하나님이 이사야를 부르셨어요 5. 이사야가 메시아에 대해 외쳤어요 6. 히스기야는 남 유다의 신실한 왕이었어요	1. 다니엘과 친구들이 하나님께 순종했어요 2. 사드락, 메삭, 아벳느고를 구하셨어요 3. 다니엘을 구하셨어요 4. 하나님의 백성을 고향으로 데려오셨어요 5. 성전을 다시 지었어요
2단원 언약을 맺으시는 하나님	**2단원** 거룩하신 하나님	**2단원** 다스리시는 하나님	**2단원** 지혜의 하나님	**2단원** 포기하지않으시는 하나님	**2단원** 공급하시는 하나님
7. 하나님이 아브라함과 언약을 맺으셨어요 8. 하나님이 아브라함을 시험하셨어요 9. 하나님이 다시 약속하셨어요	6. 십계명 "하나님을 사랑하라" 7. 십계명 "이웃을 사랑하라" 8. 성막을 지었어요 9. 하나님이 제사의 규칙을 정해 주셨어요 10. 오직 하나님만 예배해요 11. 하나님의 언약을 기억해요	6. 사사들이 이스라엘 백성을 이끌었어요 7. 드보라와 바락이 노래했어요 8. 겁쟁이 기드온이 용사가 되었어요 9. 삼손에게 다시 힘을 주셨어요 10. 룻과 나오미를 보살펴 주셨어요 11. 하나님이 사무엘에게 말씀하셨어요	7. 솔로몬이 지혜를 구했어요 8. 지혜는 하나님께로부터 와요 9. 솔로몬이 성전을 지었어요 10. 이스라엘이 둘로 나뉘었어요	7. 하나님이 호세아를 통해 북 이스라엘에 사랑을 전하셨어요 8. 하나님이 요나를 통해 니느웨에 사랑을 전하셨어요 9. 하나님이 요엘을 통해 남 유다에 사랑을 전하셨어요	6. 에스더를 왕비로 세우셨어요 7. 에스더를 통해 하나님의 백성을 구하셨어요 8. 느헤미야가 예루살렘의 소식을 들었어요 9. 예루살렘 성벽을 다시 세웠어요 10. 에스라가 하나님의 율법을 읽었어요 11. 말라기가 하나님의 말씀을 전했어요
3단원 언약을 지키시는 하나님		**3단원** 주권자이신 하나님	**3단원** 새롭게 하시는 하나님	※ 성탄과 부활	
10. 야곱이 복을 가로챘어요 11. 하나님이 야곱에게 새 이름을 주셨어요 12. 요셉이 이집트로 팔려 갔어요 13. 요셉의 꿈이 이루어졌어요		11. 솔로몬이 산다는 것에 대해 생각했어요 12. 욥이 고난을 받았어요 13. 하나님을 찬양해요	10. 하나님이 예레미야를 부르셨어요 11. 예레미야가 새 언약에 대해 예언했어요 12. 남 유다 백성이 포로로 잡혀갔어요 13. 에스겔이 앞날의 소망을 이야기했어요	**성탄절** 1. 왕을 기다려요 2. 천사가 마리아와 요셉에게 나타났어요 3. 예수님이 태어나셨어요 4. 동방 박사들이 왕께 경배했어요 **부활절** 1. 예수님이 예루살렘에 들어가셨어요 2. 예수님이 부활하셨어요	

구약5 성경의 초점과 주제

1단원 계시하시는 하나님

Q 하나님 외에 다른 신이 있나요?

A 오직 하나님 한 분만이 우리의 예배를 받으실 참 신이세요.

1. 유일하신 참 하나님이 바알의 선지자들 앞에서 자신을 나타내셨어요.
2. 하나님은 엘리야에게 부드럽고 조용한 소리로 자신을 드러내셨어요.
3. 하나님이 엘리사를 통해 나아만의 병을 고쳐 주셨어요.
4. 이사야가 영광 중에 계신 거룩하신 하나님을 보았어요.
5. 하나님은 이사야를 통해 메시아가 고난받는 종이 될 것이라고 말씀하셨어요.
6. 하나님이 히스기야의 기도에 응답하셨어요.

2단원 포기하지 않으시는 하나님

Q 하나님은 어떤 분인가요?

A 하나님은 노하기를 더디하시고 사랑과 긍휼이 풍성하신 분이세요.

7. 하나님은 사랑받을 자격이 없는 사람도 사랑하세요.
8. 하나님이 니느웨 사람들을 불쌍히 여기셨어요.
9. 하나님은 하나님의 백성에게 여호와의 날이 이르기 전에 회개하라고 경고하셨어요.

3단원 새롭게 하시는 하나님

Q 우리는 왜 하나님께 순종해야 하나요?

A 하나님이 우리를 사랑하시기 때문이에요.

10. 하나님이 하나님의 말씀을 전하는 선지자로 예레미야를 택하셨어요.
11. 하나님은 예레미야에게 새 언약에 대해 선포하라고 하셨어요.
12. 남 유다의 죄 때문에 하나님은 그들을 바벨론의 포로가 되어 쫓겨나게 하셨어요.
13. 하나님은 하나님의 백성을 다시 고향으로 데려와 새 삶을 살게 하실 계획을 세우셨어요.